非営利組織の
マーケティング

NPOの使命・戦略・貢献・成果

三宅隆之
Miyake Takayuki

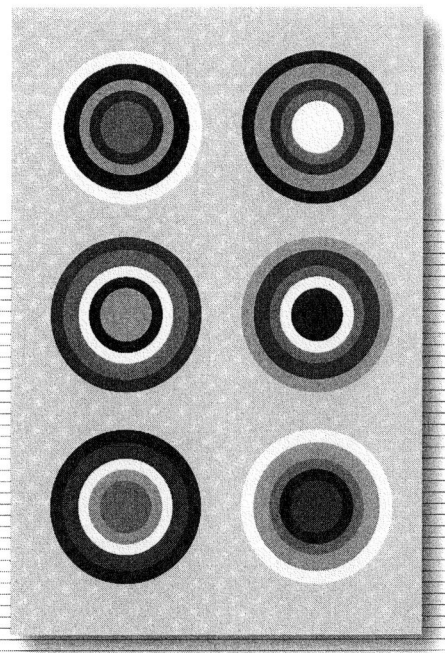

東京 白桃書房 神田

まえがき

　マーケティングは，顧客満足志向から社会満足志向へと推移し移行しつつある。マーケティングの概念が，単なる顧客満足から社会満足へと変化し，顧客満足の概念も社会満足のなかに包含されつつあるといえる。

　このようにマーケティング概念が変容していくなかで，経営理念を基礎にし社会的使命であるミッションを最上位に掲げるミッションマーケティング（social mission marketing）の概念も醸成しつつある。企業ミッションを基軸にした従業員ミッション，顧客ミッション，ステークホルダーミッション，社会ミッションへのインタラクティブマーケティングへの取り組みである。

　一方，最近では同じミッションでも非営利組織体（non-profit organization 以下，NPOと略す）におけるミッションマーケティングへの関心がにわかに高まってきている。非営利組織体とマーケティングとは，あまり結びつかないのではないかという議論もないわけではない。わが国においても非営利組織体におけるマーケティングに関する文献は極めて少なく，非営利組織体におけるマーケティングの研究者もあまりいないようである。

　しかしながら，NPOの先進国であるアメリカにおいては，P. コトラーやP. F. ドラッカー，C. H. ラブロック，C. B. ウェインバーグ，L. M. サラモンなどによって，いち早く非営利組織のマーケティングについての研究がなされている。

　わが国においても，アメリカよりも後発ではあるが，その社会的要請からNPO法の制定に伴うNPO法人の認証が行われ，数多くの非営利組織体が社会貢献活動を行って成果を上げてきている。

　いうまでもなく，NPOは企業とは異なり，「利益」を目的とせず，「使命」を必達することを事業計画の目的とする。NPOの存在意義には，政治の失敗や市場の失敗，契約の失敗などを背景として，それを補塡するかたちで派生し

てきたという事実があり，今や，NPOの存在なくして社会貢献活動は成り立たないといっても過言ではないだろう。

　事業計画を遂行するためには，使命を目的とするNPOであったとしてもCEOである理事者のリーダーシップによるマネジメントおよびマーケティング活動を必要とする。経営理念→使命→責任→組織→戦略・戦術→計画（長期・短期）→貢献→成果→評価は連動しているのである。よき意図，よき使命，善意という高潔で神聖なるサービスを提供してくれる支持者・支援者・寄付者などの「思い（mission）」を，非営利組織体という機関が代わって事業計画を立て受益者・利用者に提供し受益者満足，顧客満足，寄付者満足を創造する。

　こうした一連する事業活動は，マーケティング活動そのものであるといえよう。ドラッカーが指摘しているように，NPOは利益を目的としないからこそ，マネジメントやマーケティングが必要であるという逆説も成り立つ。

　事業体の使命は何か，顧客は誰か，顧客は何を価値あるものと考えるか，成果は何か，計画は何かといった具合に考えて，外界のニーズ（needs）やウォンツ（wants），ミッション（mission）を基軸にした組織行動とを一体化していくことがマーケティングである。

　企業のマーケティングとNPOのマーケティングが根本的に異なるのは，利益を目的としないことはもちろんであるが，目に見えない「善意」というものを売るという点が違うのである。

　では，善意をどうやって受益者・寄付者にマーケティングしていくか。地域社会をよくしていこうという強固な意思・思いおよび使命感と，成果を上げるためのテクニックである技術（skill），マーケティングが円滑に機能してこそNPOにおけるマーケティングは必達されるといえるだろう。

　本書の構成は，①非営利組織体の時代，②非営利組織体のマネジメント活動，③顧客満足から社会満足志向への展望，④非営利組織体のマーケティング，⑤マーケティング類型化への試み，⑥形態別マーケティング戦略Ⅰ，⑦形態別マーケティング戦略Ⅱ，⑧マーケティング監査・自己評価，の8章で体系化されている。また，分かりやすくし十分に理解が得られるよう，随所に事例を挿入するなど具現化に努めたつもりである。

本書が非営利組織体の研究に興味・関心のある研究者，公益法人などの公共非営利組織体の理事者および従業員，社会人，学生などのお役に立つならば，筆者の喜びこれに勝るものはない。本書の編集に当たっては，ご高配を賜った㈱白桃書房編集部の平千枝子氏に度重なる貴重なアドバイスを賜るなどひとかたならぬお世話をいただいた。記してお礼を申し上げる。なお，本書の作成に当たって参考・引用させていただいた関係者の方々にもこの場を借りて心からお礼を申し上る次第である。

　2003年5月

三 宅 　隆 之

目　次

まえがき

第1章　NPO「非営利組織体」の時代 …………………………………1
1　非営利組織体とは　1
2　非営利組織体の種類と機能　6
3　非営利組織体と営利組織体の違い　7
4　非営利組織体の機能および活動領域　11
5　非営利組織体の社会貢献活動　13

第2章　非営利組織体のマネジメント活動 ……………………………19
1　非営利組織体のマネジメントとは　19
2　社会的使命のマネジメント　21
3　ミッションを基軸にしたマネジメントの展開　23
4　営利組織体からマネジメントを学習する　25
5　ミッションマネジメントからマーケティングへ　27

第3章　顧客満足から社会満足へのマーケティングパラダイム ………33
1　なぜ，非営利組織体のマーケティングか　33
2　顧客満足からステークホルダー満足へ　34
3　社会的使命のマーケティング到来　35
4　企業のNPO化，NPOの企業化への進展　36
5　契約思想とコミットメントとの関係　37

第4章　非営利組織体におけるマーケティングの醸成 ………………39
1　非営利組織体とマーケティング定義　39
2　非営利組織体のマーケティングとは　41

3 非営利組織体におけるマーケティングの役割　43
  4 非営利組織体マーケティングの進め方　45
  5 営利組織体マーケティングとの相違点　48

第5章 非営利組織体におけるマーケティングの類型化 ……………53
  1 経営資源とNPOマーケティングとの相関　53
  2 マーケティングの4Pとの相関　56
  3 十字チャートによるSWOT分析との相関　57
  4 アンゾフの市場戦略マトリックスとの相関　58
  5 ボストンコンサルティングのPPMとの相関　59
  6 資金源および支配形態によるマーケティング分類　61
  7 NPOにおけるマーケティング類型化　62

第6章 非営利組織体の形態別マーケティングⅠ ……………65
  1 財団法人のマーケティング戦略　65
    1 財団のミッションおよび貢献の思想（65）
    2 有償在宅福祉を柱に使命を達成（66）
    3 走る福祉のネットワークづくり（67）
    4 リレーションシップマーケティングの展開（67）
  2 公益法人のマーケティング戦略　69
    1 NPO法人のマーケティング戦略（69）
    2 社会福祉法人のマーケティング戦略（75）
    3 医療法人のマーケティング戦略（98）
    4 学校法人のマーケティング戦略（103）
  3 協同組合のマーケティング戦略　114
    1 コープマーケティングの特徴（114）
    2 コープ商品の基本コンセプトと商品政策（116）
    3 ディ-マーケティングの実践（117）
    4 ディ-マーケティングの監査（119）
    5 コープマーケティングの留意点（120）

第7章 非営利組織体の形態別マーケティングⅡ ……………127

1 地方自治体のマーケティング戦略　127
　1 東京におけるビジョンの時代的背景（127）
　2 目指すべき東京の将来像（128）
　3 誰もが創造力を発揮できる東京（131）
　4 都民が安心して生活できる東京（134）
　5 先駆的なメッセージを発信できる東京（138）
　6 将来ビジョンの特徴と公益マネジメント（138）
　7 産業振興ビジョンと公益マーケティング（142）

2 国家のマーケティング戦略　146
　1 必要な21世紀の国家戦略（146）
　2 マーケティング戦略の導入（149）
　3 活力を生むブロック経済圏の確立（152）
　4 危機管理とマーケティング（157）

第8章 非営利組織体のマーケティング評価 ……………161

1 NPOにおけるマーケティング評価　161
2 ラブロック，ウェインバーグの自己監査基準　162
　1 マーケティング監査の構造（162）
　2 外部環境および内部環境に関する監査チェックリスト（162）
　3 マーケティングシステムに関する監査チェック項目（163）
　4 マーケティング活動分析に関する監査チェック項目（165）

3 ドラッカーの自己評価基準　169
　1 使命・仕事・仕事ぶりに関する自己評価（169）
　2 顧客に関する自己評価（170）
　3 価値に関する自己評価（170）
　4 成果に関する自己評価（170）
　5 計画に関する自己評価（170）

4 三宅の自己評価基準　171

1　ミッション必達に関する自己評価（171）
　　2　寄付者・支援者に関する自己評価（172）
　　3　受益者・利用者に関する自己評価（172）
　　4　マーケティング成果に関する自己評価（173）
　　5　マーケティング責任者に関する自己評価（173）
　　6　マーケティング監査に関する自己評価（174）
　　7　ミッションマーケティングシステムに関する自己評価（174）

参考文献
あとがき
索　引

第1章
NPO「非営利組織体」の時代

1　非営利組織体とは

　NPO (non-profit organization) は，アメリカにおける経済成長過程，つまりマネジリアルマーケティング (managerial marketing) の弊害として起こったゼネラル・モーターズ (GM) の不買運動に端を発するコンシューマーリズム (consumerism) の台頭や産業公害，環境問題などの露呈による政治・行政の失敗，企業による市場の失敗を補うというかたちで生成してきたものであると考えられる。その後に到来するソーシャルマーケティング (social marketing) は，これをまざまざと見せつけている。

　NPO を訳語化したものを非営利組織もしくは非営利組織体という。この組織体は会社・企業などの利益・利潤追求を目的とする営利組織体に対応する概念である。株式会社などの営利企業とは異なり，収入から費用を差し引いた利益を NPO の関係者に分配することが制度上できないような非分配制約を受ける非営利活動を行う非政府，民間の組織であり，アメリカの文化・制度を背景として醸成した組織活動である。

　ここで重要なことは，NPO は収益事業をやってはならないということではない。もし収益事業による余剰金が発生したならば，社会的使命必達のために再投資すればよく，利潤を理事者を初めとする役員・評議委員，担当スタッフおよび組織外部に分配してはならないということなのである。

　いうまでもなく，NPO には多種多様なものがある。学校法人，病院などの医療法人を初め，まちづくり，社会福祉法人などの老人ホーム，環境問題や人

権問題などの社会問題に取り組んで資金援助や交流・国際援助を行う市民団体，ボランティア，宗教団体，労働組合なども広義の意味でNPOに包含される。

　山内直人によれば，アメリカのジョンズ・ホプキンス大学のサラモン（L. M. Salamon）教授を中心とする非営利セクター国際比較プロジェクトであるJHCNP（The Johns Hopkins Comparative Nonprofit Sector Project）では，NPOにおける最も基本的で遵守すべき規範・綱領を，次の5項目にまとめている[1]。

① 利益・利潤を分配しない（nonprofit distributing）こと。結果として利益が発生した場合は，NPO活動に再投資する。

② 非政府（non governmental），私設（private）であり，政府機関の一部ではないこと。ただし，政府から資金援助を受けることはやぶさかではない。

③ フォーマル（formal）で組織（organization）としての体裁を整えていること。必ずしも法人格を保持していなくともよい。

④ 自己統治・自己統制（self-government）できる機能を持ち，他の組織に支配されず，完全に独立した組織運営を行っていること。

⑤ 組織にボランタリー（voluntary：自発性）的要素があり，自発的に組織化され寄付行為や無償の労働力に依存していること。

　アメリカにおいては，2人に1人，つまり約8000万人の人々が平均して週5時間，何らかのかたちでボランティア（volunteer：有志者・志願者・篤志奉仕・自発的に申し出る・志願兵）活動を行っているといわれている。これはフルタイムに換算して約1000万人に相当するという。ボランティアのすべてが有給だとすると最低賃金で計算してもその総額は年間1500億ドルに相当し，GNPの約5％になるというから驚く。事実，アメリカにおけるNPOの活動は，企業以上に一般市民に高く評価されており，その社会貢献ぶりには目を見張るものがある。

　ボランティアとは，強制ではなく自発的な意思に基づき善意をもって社会貢献活動をするという意味がある。わが国でも市民活動という名称が1990年代になってマスメディアに登場するようになった。それ以前は単なる市民運動とい

うかたちが多かった。

　市民運動は，政府や企業などの権力に対して市民の要求を掲げる示威的運動が中心であったのに対して，市民活動には市民が主体性をもって独自の主張や活動を貫徹するという社会貢献思想が根底にある。そうはいっても，市民運動も市民活動も社会を変えていこうという思い（mission）では一致していたのである。

　阪神淡路大震災のときのボランティアの活躍は記憶に新しい。このような市民レベルの前向きな社会貢献活動が契機となって，わが国においてもNPO活動が機運に乗ってきたのである。もちろん，この種のボランティア活動はかたちは小さいが，かなり以前から行われていたという経緯がある。

　こうした経緯を踏まえて，わが国の企業内にもアメリカのマーケティングが導入され，企業市民とか企業市民性（corporate citizenship）[2]という意識が定着していったのである。この意味するところは，会社・企業も法律によって人間個人と同様に法人としての人格を与え，地域社会を構成する市民と同様の市民権を保持しているという共通認識である。

　この考え方は，企業を取り巻くステークホルダー（stakeholder：顧客，取引先，従業員・労働組合，株主，NPO・ボランティア，地域社会，自治体，政府・国家などの利害関係者）との関係性，特に地域社会貢献性を企業内部から浸透させようというものである（図表1-1）。このような機運にさせたのも，もとはといえばNPO活動における社会奉仕・社会貢献思想がその基盤になっ

図表1-1　企業を取り巻くステークホルダー

図表1-2　NPO法で認定されている17の事業分野

① 保健，医療または福祉の増進を図る活動
② 社会教育の推進を図る活動
③ まちづくりの推進を図る活動
④ 学術，文化，芸術またはスポーツの振興を図る活動
⑤ 環境の保全を図る活動
⑥ 災害救援活動
⑦ 地域安全活動
⑧ 人権の擁護または平和の推進を図る活動
⑨ 国際協力の活動
⑩ 男女共同参画社会の形成を図る活動
⑪ 子供の健全育成を図る活動
⑫ 情報化社会の発展を図る活動
⑬ 科学技術の振興を図る活動
⑭ 経済活動の活性化を図る活動
⑮ 職業能力の開発または雇用機会の拡充を支援する活動
⑯ 消費者の保護を図る活動
⑰ ①から⑯までの活動を行う団体の運営または活動に関する連絡助言または援助の活動

ているといえよう。

　現在では，一般的にNPOとは，NPO法による医療・福祉，環境，文化・芸術，スポーツ，まちづくり，人権・平和，国際協力・交流，教育，女性，情報化，科学技術，経済活動，職業能力開発・雇用機会，消費者保護などのありとあらゆる分野（17分野）における営利を目的としない民間非営利組織のことをいう（図表1-2）。

　社会貢献をするという意味では，営利組織および非営利組織は共通する部分がある。営利組織体は社会貢献をした見返りとして結果利益を追求するのに対して，非営利組織体は利益を得るのが本来の目的ではない。社会的使命（social mission）[3]を必達することが目的なのである。

　わが国では，財団法人や社団法人，社会福祉法人，医療法人，学校法人などのように，官庁の許可や認可，認証によって設立され，その監督下にあるものも民間性を意識して活動をしていれば，NPOに包含される。

　非営利は必ずしも無償（機会費用）[4]を意味するものではなく，営利よりも

図表1-3　NPO法人に関する日本の税制度

	普通法人（企業）	人格なき社団・財団	NPO法人	公益法人	特定公益増進法人	日本赤十字社共同募金
寄付金収入	課税	非課税	非課税	非課税	非課税	非課税
事業収益	普通課税	普通課税	普通課税	軽減課税	軽減課税	軽減課税
			（税法上の収益事業のみ）			
金利収入	課税	課税	課税	非課税	非課税	非課税
みなし寄付金	なし	なし	なし	あり	あり	あり
個人の寄付金控除	なし	なし	なし	なし	あり	あり
地方税の寄付金控除	なし	なし	なし	なし	なし	あり

資料：日本青年奉仕協会「ボランティア白書2001」
出所：綜合社編『情報・知識 imidas 2002』集英社，2002年，p.583。

社会的使命を優先させ，かりに有償の事業（収益事業）によって利益があったとしても，その利益を社員（正会員）に配分せず，事業活動に再投資される。もちろん，専従職員への報酬は必要経費として認められている。

根拠法令は，1998年3月に成立し，同年12月から施行されたNPO法（特定非営利活動促進法）であり，2001年12月現在，全国で5079件が認証されている。これらのNPO法人のデータベースは，日本NPOセンターのホームページ「NPO広場」（www.npo-hiroba.or.jp）で公開されている。

わが国におけるNPOを取り巻く環境は，NPO法の成立以降大きく変貌しつつある。2001年3月には，租税特別措置法の改正によって，NPOの経済的基盤にも関わる寄付税制が実現し，同年10月から「NPO法人の税制優遇措置」が施行された。国税庁が一定の要件を満たしていると認めた「認定NPO法人」に対して寄付をした個人や企業が税制上の優遇措置を受けるというものである（図表1-3）。

NPOとよく似た概念にNGO（non-governmental organization：非政府非営利組織）がある。国際協力活動を行う市民団体を指し，国際連合で用いられるようになった言葉である。NPOもNGOも営利を追求しないことを強調するか政府の立場ではないことを強調するかの違いはあるが，国際的にはほぼ同様な意味でとらえられている。

2 非営利組織体の種類と機能

　非営利組織体は，任意のボランティアなどを包含すると膨大な数にのぼる。広義の非営利組織体としては，公益企業体，政府系金融機関，財団・公団・営団，特殊法人，第三セクター，地方自治体・地方公共団体，国家などもこの範疇に入るものと考えられる。

　ただし，一般的に非営利組織体といえば，NPO法つまり特定非営利活動促進法上で指定された17の事業活動を行う組織体を指していうケースが多い（狭義）ようである。これらの活動領域および機能については，前掲の図表1-2に示した通りである。

　しかしながら，本書では非営利組織体を広義の解釈でとらえることにした。その方が非営利組織体全体を正しくとらえることができるし，それぞれの事業

図表1-4　法人の分類と非営利組織体

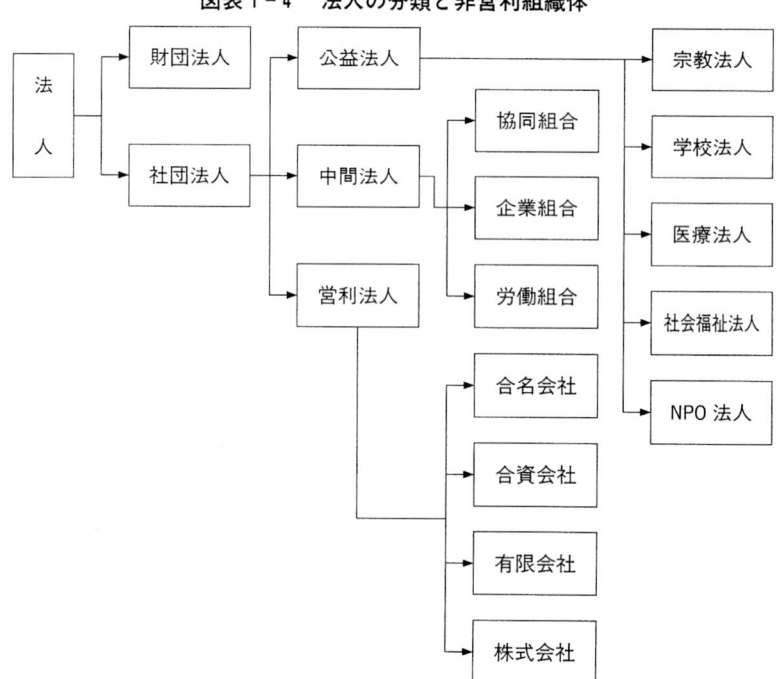

領域を詳細に反映できると考えたからである。

一方，図表1-4は法人の分類（特別の法律により設立される特殊法人は除いた）からみた非営利組織体の種類をみたものである。この中で，社団法人である営利法人を除外した法人が，非営利組織体に該当するものと考えられる。NPO法人は，宗教法人，学校法人，医療法人，社会福祉法人などと同様に公益法人の中に包含される。

営利法人を除くいずれの法人も公益事業を行っているという点，つまり利益・利潤の獲得を目的としないという点で共通している。非営利組織体の目的は，「利益」を上げることではなく社会的「使命」を必達（make sure）することを目的としている。つまり，社会奉仕・社会貢献活動を第一義的な機能として考える個人ないしは組織集団なのである。

会社・企業も厳密にいえば，企業の利益は決して先にあるものではなく，企業が地域社会などに対して社会貢献をしたその見返りとして，あるいは恩恵として後から還元されるものであるという考え方，仮説に立つのである。そういう意味からいえば，企業も社会貢献をしているということになる。

企業は，顧客・ユーザーのニーズやウォンツを充足させるための，製品・商品・サービスを供与している。こうした財の供与は，企業が社会性，公共性，公益性，貢献性を保持しているからであり，公共財[5]としての新生活価値創造を促す便利・便益性を提供していることに他ならない。しかしながら，ここでは営利組織体は除外して考察する。

3　非営利組織体と営利組織体の違い

非営利組織体の特徴を明らかにするためには，営利組織体との組織の違いを相対的に考察するとより理解が深まる。図表1-5は主な項目別に両者の相違点をまとめたものである。なお，この図表でいう非営利組織体とはNPO法上の組織を指していう。

まず，経営理念についてである。組織である以上，営利非営利を問わず明確なマネジメントの理念がある。双方とも「社会貢献活動」を行うという点では

図表1-5　営利組織体と非営利組織体の主な相違点

項　目	営利組織体	非営利組織体
経営理念	社会貢献結果としての利益	社会貢献活動の励行
目的・目標	利益・利潤の追求	社会的使命（mission）の必達
組　織	営利法人	公益法人
対　象	消費者・顧客・ユーザー・取引先	受益者（ドラッカーやコトラーは「顧客」といっている）
事業の性格・内容	どちらかといえば多角的（リスク分散）	きわめてケア（care）的であり労働集約的な面倒見業
サービスの対価	有償	無償（無償であっても機会費用であるという認識が大切である）、有償（収益事業の場合）
資　本	株式発行，出資（株主）	寄付金（資金提供者・支援者），補助金，会費，事業収入など
配　当	有り	無し（再投資）
業務執行（意思決定）	取締役会（代表取締役の強力なリーダーシップ）	理事会（理事長の高い高潔性），評議委員会
利害関係	有り（対ステークホルダー）	アカウンタビリティー有り（運営・報告・計算・説明など）
利　益	私的利益（公益を以て私益と成す）	社会的利益，公共の利益，受益者利益
マネジメント	成果主義志向（利益の実現）	成果主義志向（ミッションの必達）
マーケティング	対消費者・顧客志向，サービスの私的・個人的ニーズ実現（commitment：公約）	対受益者（顧客）志向，資金提供者志向，サービスの社会的ニーズ実現（commitment：公約）
事業・業務・活動	市場シェア確保・拡大	社会貢献シェア拡大
サービス	営利サービス	非営利＆慈善的サービス
競争原理	持続的「競争」優位性	持続的「協調」優位性
会　計	企業会計原則，商法，監査あり	公益法人会計，監査あり
根拠法令	商法，会社法	NPO法（特定非営利活動促進法）
その他	企業家精神など	相互扶助の精神など

一致しているが，営利組織体においては社会貢献結果としての利益追求という具合に，どうしても利益・利潤を上げるというニュアンスが強くはたらくのである。

　しかしながら，非営利組織体においては，あくまで社会貢献活動の励行を最上位の活動理念として掲げ支持者・支援者・寄付者のよき意図，よき使命の必

達を目指す。目的・目標および組織については，すでに論究しているのでここでは省略する。

次の対象であるが，営利組織体においては一般的に顧客・ユーザー・取引先などをその対象にするが，非営利組織体では原則として「受益者」という見解をとっている。対価については，前者が有償として交換価値である価格を支払うのに対して，後者は「無償」である。しかしながら，無償であっても会計上では機会費用（opportunity cost）という認識をもって対処するという発想が大切である。

事業の性格および内容については，営利組織体がどちらかといえば，リスク分散という意味合いから多角的であるのに対して，非営利組織体においてはきわめて労働集約的なサービス業であるという特質がある。つまり，医療法人などに見られるシェア（share：参加・貢献）→ケア（care：世話）→キュア（cure：治療）といった面倒見業的な性格が強く，職員の献身的な努力に負うところが大きい。よき意図・善意を全うする限り手抜きができないという慈善的奉仕活動そのものなのである。

次は，資本および配当についてである。いうまでもなく，営利組織体では株主による出資・資本提供があり，投資額に応じて利益配当を行うのを原則とする。これに対して，非営利組織体においては，寄付者の寄付金や会員の会費，政府などからの補助金などを充てる。しかしながら，収益事業を行った場合には，収益部分の分配は禁止されており，事業活動に再投資しなければならないことになっている。

業務執行・意思決定（decision making）[6]については，営利組織体では取締役会の役目であり，代表取締役の強力なリーダーシップのもとに遂行される。これに対して，非営利組織体では理事会および評議委員会がこれに当たり，特に理事長にはリーダーシップはもとより高潔性[7]が求められる。

利害関係についてみると，営利組織体においては会社・企業を取り巻くステークホルダーとの利害関係が常に存在し，良好な関係性を保持していくことが求められ，非営利組織体では，受益者との利害関係こそないものの，寄付金や会費，補助金，収益事業利益などのアカウンタビリティー（accountability：責任・責務），つまり運営・報告・計算・説明などが義務づけられる。

　利益についての概念では，営利組織体が私的利益を追求するのに対して，非営利組織体では社会的利益・公共の利益・受益者利益を追求する。ただし，企業においては「企業は社会の公器」[8]「公共の利益：公益を以て私益と成す」[9]という発想が大切になってきている。

　マネジメントの概念では，営利組織体が顧客第一主義の立場から成果主義（社会貢献結果利益の実現）のマネジメントを強化するのに対して，非営利組織体では同じ成果主義[10]のマネジメントでも社会的使命を必達し全うするという社会貢献思想を第一義的に考える。

　次は，いよいよマーケティングの概念である。営利組織体および非営利組織体に共通する概念は，「commitment：公約」[11]という概念である。欧米の企業では，契約思想が市民レベルで定着しており，わが国企業のマーケティング活動においても，企業ミッション（corporate mission）を経営理念に次ぐ最上位に掲げて，従業員ミッション，顧客ミッション，社会ミッションへと浸透させる，いわゆる「社会的使命のマーケティング（social mission marketing）」[12]が萌芽しつつある。

　このコミットメントは，前者においては顧客・ユーザー・取引先であり，後者においては対受益者，対資金提供者・寄付者である。企業のように対価を要求せず，無償であるからこそ事業活動のアカウンタビリティーが必要であり，組織の高潔性が求められるのである。非営利組織体のマーケティングは公開・開示することにより，社会貢献性，社会貢献思想がより高まるという性格を保持している。

　次の概念は，事業活動およびサービスについてである。いうまでもなく，営利組織体は製品・商品・サービスなどの市場占有率・マーケットシェア・市場シェアの拡大を高めることを主眼におくが，非営利組織体では社会貢献シェアをどのように高めていくかを主目的とする。サービスについては，営利サービス（有償）と非営利サービス（原則として無償）および慈善的サービスの違いに目をつける。

　競争原理については，営利組織体では持続的競争優位性をいかに図っていく

かであり，非営利組織体では持続的協調優位性を図っていくかが問われてくる。最近では，双方ともパートナーシップである良好で円滑な関係性をどのように構築していくかが大きな課題となってきている。

　会計については，営利組織体は企業会計原則および商法であり，非営利組織体は公益法人会計が適用される。根拠法令は前者が商法および会社法であり，後者はNPO法である。

4　非営利組織体の機能および活動領域

　非営利組織体の機能が営利組織体の機能と最も大きく異なる点は，社会的使命である事業活動におけるミッションを基軸にして事業展開を図り，社会奉仕活動，社会貢献活動に専念するという骨太のホスピタリティーマインド（hospitality mind）である思いやりの精神が充満しているということである。

　この精神は個々人の私的な需要ではなく，社会的な必要，つまりニーズをいかにとらえて事業活動と一体化させ社会貢献していくかという非営利組織体の主観的意図であるマーケティングマネジメント活動に基づいているという点である。

　換言すれば，非営利組織体のマネジメントの基本的機能は，社会へのコミットメントを通じて個々人の社会奉仕活動への参加を組織化し，「最大多数の最大幸福」を具現化するという事業組織の基軸になるミッションがしっかりしていることである。

　次は，ミッションの意味である。ミッションには，派遣（使節・宣教師など），使節の任務，使命，使節団，大使館，伝導，布教，伝道期間，伝道講演会，宣教師団，伝道団，伝道所，セツルメント（貧民のための），伝道区，人間としての使命，天職，行動などの使命という幾多の意味がある。

　これらの意味合いから浮かんでくるのは，世のため人のためになるよき意図，よき使命，善意からなる事業活動を自発的に発案し，組織化して普及させ伝道し多くの人々の賛同を得て慈善的サービスを全うしようという強い意思表示が窺えることである。これはあたかも神であるイエス・キリストの使命にも似て

事業組織と受益者が一種の公約を結び，公約した内容に忠実に報いようとする神聖なセレモニーの雰囲気が漂っている。

キリストとの契約，つまり神（god）との神聖な契約をかわし，神の名においてキリスト教を布教・伝道していこうというミッションスクール（mission school）の精神が，世の中の個々人に向けられマジョリティーを得て社会奉仕活動を伝道している姿と二重写しになる。

こうした社会伝道活動は，世の何人たりとも冒すことのできない神聖な事業領域なのである。契約思想[13]が希薄なわが国においては，キリストの精神を深く理解し受け入れることが，市民レベルでやや難しいのかも知れない。とかく，現代の日本人は社会全体の利益よりも先ず自己中心の利益，自分中心の世界観しか視覚に入らないということがいえる。「誰かがやってくれる」という甘えの論理が先行するのである。

NPO活動にはこうした考え方に先駆けて自らの意思で善なる行為・行動を起こすという独立自尊の精神が存在する。つまり，善なる行為を通じて世の救世主，先導者とならんことを率先して行っているのである。したがって，その事業領域はきわめて広く深いものがある。

さて，非営利組織といえども立派な事業組織体である。非営利組織であるからこそ逆に経営組織，マネジメントが必要になるのである。バーナード（C. I. Barnard）によれば，事業「組織とは，2人またはそれ以上の人間の意識的に調整された行動または諸力のシステムである」[14]と論じており，組織を1つのシステムであると考え，組織の実態を成すものは人間行動であることを力説している。

さらに，バーナードは「人間は意思決定をする存在である」との立場から，意思決定者の合理的活動を組織活動における人間観としている。バーナードが提唱する組織の3要素は，①共通目的（a common purpose），②協働・貢献意欲（willingness to cooperate），③伝達・コミュニケーション（communication）である[15]。

また，バーナードは経営組織の存続条件として，①組織の有効性（organizational effectiveness）：組織目的の達成度，②組織の能率（organizational efficiency）：個人動機の満足度の2つを挙げている[16]）。

　組織の有効性・組織目的の達成度は，経営組織全体の共通目的，共通目標達成の度合いを高揚させることであり，組織の能率・個人動機の満足度は，組織の成果を組織メンバーに対して公平に分配し，次の貢献を喚起する源泉となる「誘因（incentive）」や「満足感」のことをいう。

　経営組織から提供される「誘因（個人が組織から受け取る効用）」が，経営組織に対して提供される「貢献（組織目標達成に貢献する個人の犠牲）」に等しいかそれよりも大きいと判断し認知した場合は，組織の個々のメンバーには経営組織に参画し経営目的や経営目標を受け入れて積極的に協働・貢献しようという努力を惜しまないという心理現象が起きる。

　組織内における，誘因と貢献のバランスの大切さは，組織均衡の理論として弟子のサイモン（H. A. Simon）に継承された。非営利組織体においてもマネジメントは必要であり，バーナードの組織均衡の論理は事業活動や事業領域に大きく機能する。

　NPOにおける各種の事業領域がNPO法の恩恵を得て，低迷を続けているわが国における中小企業の雇用拡大に繋がる可能性は十分にあるといえよう。開業相談においてもNPO法人を設立して社会貢献活動をしたいという人は年々増え続けているという実態がある。

5　非営利組織体の社会貢献活動

　非営利組織体の1つであるNPO法上の事業分野については，図表1-2で詳細に論述しているのでここでは省略する。非営利組織体を構成するメンバーは，社会貢献活動意欲が高く，一種の社会的使命感に燃えている人が多いようである。燃えるような熱い事業経営意思・思い（確固たる強固な意志）が体全体からにじみでている。

　問題は，この燃えるような使命感をどのように具現化（skill：技術・ノウハウ）させるかである。図表1-6に示したマズロー（A. H. Maslow）の欲求5段階で見るように，使命感に燃える人物は，自己発見・自己実現の欲求が人一

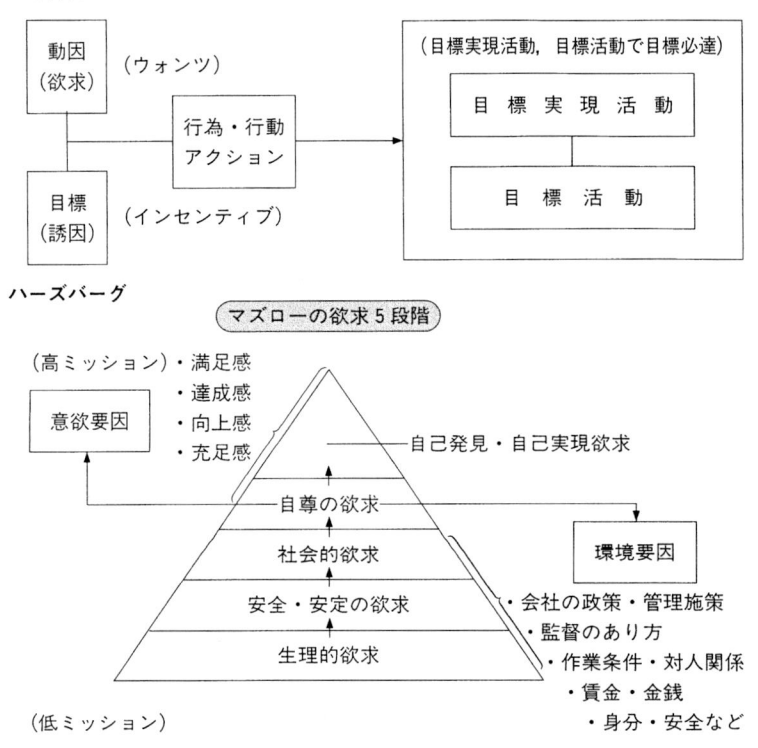

図表1-6 動機づけの仕組みからみたマズローとハーズバーグの見解

倍強いという性格の持ち主であることはまちがいもない事実である。

一方，ハーズバーグ（F. Herzberg）は従業員を満足させる要因と満足させない要因とは異なり，「満足要因」は仕事そのもの，「不満足要因」は仕事の関する周辺的環境概念に着眼し，前者を「動機づけ要因＝意欲要因（motivation factor）」，後者を「衛生要因＝環境要因（hygine factor）」と命名している。

具体的には，動機づけ要因として，仕事の達成，達成を認められること，チャレンジングな仕事，責任の増大，向上と成長を指し，環境要因として事業組織の性格，管理施策，監督のあり方，作業条件，対人関係，金銭，身分，安全などを指している。

とりわけ、人間の欲求「マズロー」＝動因（wants）と誘因「ハーズバーグ」＝目標（incentive）が機能して行為・行動、アクションが起き目標実現に向けて努力し必達を図ろうとする。図表1-6はこうしたフローを図式化したものである。

非営利組織体における役員や職員のモチベーションといえども、営利組織体における経営管理者、中間管理者や従業員のケースと何ら変わることはない。事業の目的が異なるだけである。もちろん、マズローやハーズバーグの理論がそのまま当てはまると考えてよい。

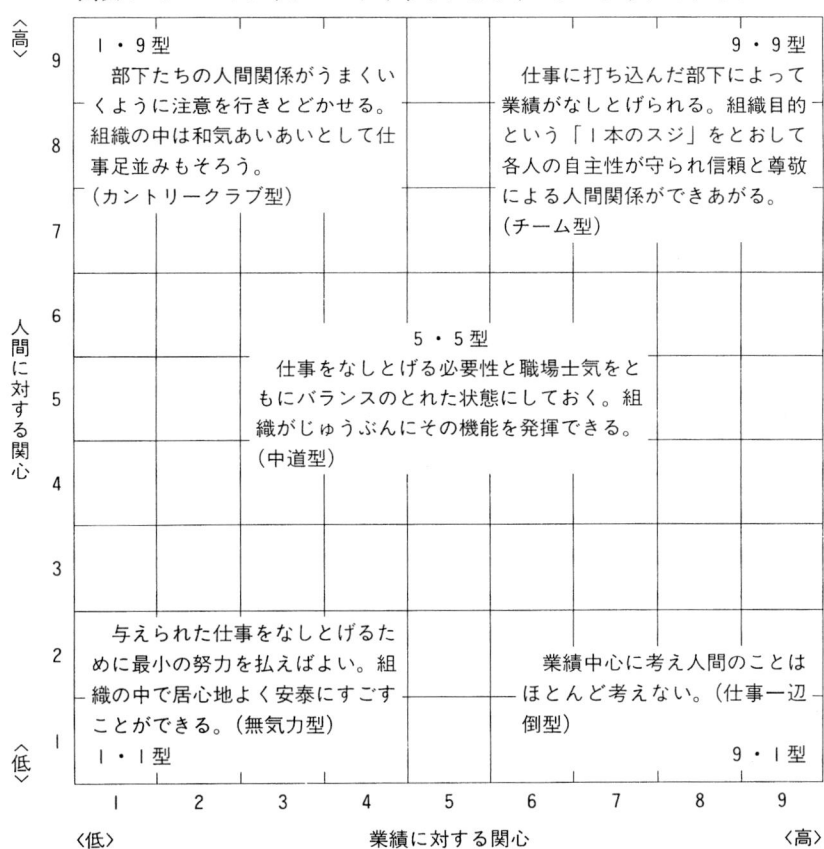

図表1-7　マネジリアル・グリッドによるリーダーシップのタイプ

縦軸：人間に対する関心〈低1〜高9〉／横軸：業績に対する関心〈低1〜高9〉

- 1・9型（カントリークラブ型）：部下たちの人間関係がうまくいくように注意を行きとどかせる。組織の中は和気あいあいとして仕事足並みもそろう。
- 9・9型（チーム型）：仕事に打ち込んだ部下によって業績がなしとげられる。組織目的という「1本のスジ」をとおして各人の自主性が守られ信頼と尊敬による人間関係ができあがる。
- 5・5型（中道型）：仕事をなしとげる必要性と職場士気をともにバランスのとれた状態にしておく。組織がじゅうぶんにその機能を発揮できる。
- 1・1型（無気力型）：与えられた仕事をなしとげるために最小の努力を払えばよい。組織の中で居心地よく安泰にすごすことができる。
- 9・1型（仕事一辺倒型）：業績中心に考え人間のことはほとんど考えない。

出所：R. R. ブレーク，J. S. ムートン，上野一郎監訳『期待される管理者像』産業能率短期大学出版部、1965年を一部修正した。

図表1-7に掲げたブレイク（R. R. Blake）やムートン（J. S. Mouton）が考案したマネジリアル・グリッド（managerial grid）によるリーダーシップの類型化「9・9型」（仕事に打ち込んだ部下によって業績が成し遂げられる。組織目的という1本のスジを通して各人の自主性が守られ，信頼と尊敬による人間関係ができあがる）が機能するようにもっていく必要がある。

　社会貢献活動は，事業ミッションを基軸に据えこのミッションが役員や職員ミッションとなり，受益者ミッション，社会ミッションになるよう組織内外に浸透させていく必要がある。もちろん，社会ミッション，受益者ミッションからスタートする事業ミッションということも考えられる。ボトムアップあってのトップダウン方式のマネジメントの励行である。

　基軸に据える非営利組織体の事業ミッションによって，各々の職位のミッションが浸透しそれぞれの満足度を必達させなければならない。NPOのマネジメントやマーケティングは，営利組織体のやり方を参考にしてよいところはどんどん取り込んでいくことが大切である。

　NPOならではのリーダーシップのあり方や組織文化構築，事業成果実現に向けて一丸とならなければならない。運命共同体の精神である。そしてフィランソロピーの輪を社会に拡充し人間の尊厳を取り戻すような慈善的な思いやりの心の輪を地球規模で広げていくのである。こうしたネットワークを構築し愛の手を差しだす感動的で美しい美的ライフシーンを構築することが求められている。

　戦争による憎しみ，拉致問題などの不幸せ，環境問題，人権の尊重，性的差別・セクシャルハラスメント，人種的偏見，宗教戦争，難民支援，大国のおごりによる圧制と抑圧，餓死寸前の人々の救援，麻薬などの薬物汚染，弱いものいじめ，テロ行為，村八分等々，見て見ぬ振りをし平和ぼけしている無関心な人間を出さないような政治風土なり，市民運動・市民活動・社会運動・NPO活動が切に求められる。

　今こそ，非営利組織体の底力を地域社会はもとより，国家レベル，地球規模レベルで見せつける時である。それにしても，世の中は矛盾だらけである。本当に力がある人物が浮かばれなかったり，能力発揮の絶好の機会がいとも簡単

に奪われたりする。正義が通らず悪事がまかり通っている現実がある。

　こうした世の中の矛盾をぬぐい去るには，人間の尊厳を大切にする教育が大切である。相変わらず続いている受験地獄，高学歴社会や学閥，不正まで犯して利益を上げようとする過度の競争原理主義社会，テロ行為の続発，宗教の違いによる迫害や憎しみ合い，地縁・血縁関係の崩壊，青少年の非行の増大，老人をいたわり尊敬する心の欠如，児童・幼児虐待，家庭内暴力，家庭内離婚，ストレスの増大，倒産，家族やコミュニティーの崩壊などによる自殺，家出など挙げればきりがない。

　非営利組織体が活躍する領域は今後，もっと増えてくるだろう。大国の行き過ぎるエゴイズムや政治的未成熟，精神的なゆとりの無さがこれに拍車をかけている。名ばかりの経済大国も量および質，効率の面から手厚い保護と保証が永続できるような高潔で成熟した大人の国家に生まれ変わらなければ，この問題は解決しない。そのような意味では非営利組織体の未来は輝いている。

［注］
1) 山内直人『NPO入門』日経文庫，日本経済新聞社，1999年，p.30。
2) 企業市民性とは，企業も社会の一員であり，人間個人と同様に企業市民として社会および公共の福祉や人道主義的かつ慈善的活動に参画し，社会貢献をしなければならないという考え方を指している。企業の社会的役割や社会的責任が問われる所以である。同義語的な言葉として企業フィランソロピーという言葉がある。
3) 社会的使命とは，ミッションを基軸にした事業組織の社会的使命感を指している。企業にも社会的使命は存在するが，もともと企業は社会貢献の結果としての利益を上げることを企業の目的に掲げる。非営利組織体では社会的使命を必達することを目的として存在している。若干ニュアンスが異なる。
4) 機会費用とは，機会原価ともいう。意思決定のための資源（たとえば人，物，金など）を，仮に代替的用途のうちの1つに振り当てられた場合，他の代替的用途で得られた利益は放棄することになる。この放棄された利益の推定金額を，代替的機会を犠牲にしたコストであるという認識に立ち機会費用（埋没原価）という見方をする。意思決定会計上の用語である。
5) 公共財とは，私企業は顧客第一主義の視点に立ち，財，つまり製品や商品，サービスなどの顧客・ユーザーが使用する公共財を生産し販売している。その限りにおいて，企業は社会性（世の役に立つ仕事をする），公共性（企業はみんなのものであるという論理），公益性（利益を公平に分配する），貢献性（社会貢献活動を行う）を保持している。
6) 意思決定とは，事業体が何らかの問題解決に直面した場合に，幾つかの代替案を出してこの代替案がもたらすであろう結果を一定の基準に基づいて評価し，最

も望ましい具体案を選択する行為をいう。実際にはこの背後に具体的な行動が伴うのを常とする作用である。トップマネジメントの意思決定は，決断力とその行為・行動および成果を促す精神的作用である。

7) 高潔性とは，非営利組織体において国や地方自治体などからの補助金，会費，事業収入などの有償・無償の寄付金などを使用して社会貢献的な事業運営を行う。特に，公金を使用することから会計処理などは厳しくチェックされ監査される。また事業の公開・開示や事業経営責任者の人格，つまり潔白性，高潔性が求められている。

8) 「企業は社会の公器」とは，本来企業は私的な事業体ではなく，世の中に仕事をやらせてもらっているという機会を与えられたものであるという考え方を，企業は社会の公器と言ってみたものである。事業を起こさせる機会を与えられたのであるから，社会貢献活動をするのは当然であるという視点に立つ。

9) 「公共の利益を以て私益と成す」とは，企業の利益は決して先に存在するものではなく，地域社会において社会貢献をした，その結果としてあるいは見返りとして還元されるものであるという考え方を総称してこう言ってみたものである。

10) 成果主義とは，能力給や能率給，職務給，報奨制度，年俸制，契約社員制度，分社化，社内事業主制度，ヘッドハンティングなどを導入して，企業にいかに貢献したか経営成果を基軸にした業績評価主義を指す。

11) 公約（コミットメント）とは，欧米のキリスト教圏の市民に深く根付いている契約思想をベースにした，公約，公言，宣言，誓約を意味する概念である。事業活動の領域においてもこうした概念が機能しており，事業体の不正や倫理観を牽制するはたらきがありマーケティングマネジメントの決まり文句となってきている。

12) 「社会的使命のマーケティング」とは，事業体のミッションを経営理念に次ぐ最上位に掲げて，従業員ミッション，顧客ミッション（受益者ミッション），社会ミッションと浸透させ伝播させることによって，事業体の成果の実現やミッションの必達を図っていくことを目的にしたマーケティングを指す。

13) 契約思想とは，欧米のキリスト教圏の国家の取引に見られる思想である。事業体と顧客・ユーザーとの関係は，取引契約によって成り立っているという論理の思想である。この背後には，神であるキリストとの契約という概念が深く浸透している。公約（コミットメント）という概念もこうした契約思想から派生したものであると考えられる。

14) 伊藤賢次『現代経営学』晃洋書房，1997年，p.86。
15) 同上書，p.87。
16) 同上書，p.88。

第2章
非営利組織体のマネジメント活動

1　非営利組織体のマネジメントとは

　非営利組織体の目的は，寄付者や資金提供者などから無償で授かった資金を活用し社会的使命を事業理念に次ぐ最上位に掲げて，その必達に向けて社会奉仕活動や社会貢献活動を行うことにある。

　しかし，NPOの萌芽が企業の生成と異なるからといって，マネジメントは不必要であるという考え方は当たらない。もちろん，非営利組織体という立派な事業組織を持ち成果を上げる組織集団であることから，営利組織体と同様に経営戦略や戦術，つまりマネジメントは必須の条件である。むしろ，非営利組織体であるが故にマネジメントを必要とするという見方が正論であろう。

　ドラッカー（P. F. Drucker）は，「NPOのほとんどが，自分たちには収益という基準がないからこそ，会社以上にマネジメントを必要とすることを認識している。会社では収益を中心に計画をするが，NPOは使命を中心に計画する。会社がNPOから学ぶべきことの第一が，この使命からスタートすることである。そうしてはじめて，行動に焦点を合わせることができ，目標達成に必要な戦略をも明らかにすることができ，規律をもたらすことができる」[1]と論述している。

　また，「一流のNPOは経営環境，コミュニティー，潜在顧客からスタートする。会社の多くに見られるように，内部の世界，すなわち組織や収益からスタートしたりしない」[2]と言って，NPOの市場志向を強調している。「一流のNPOは，顧客を探すためだけではなく，成果の度合いを認知するためにも，

外界の目を向ける必要がある。NPO が使命を明らかにすることでこの認識は深まる。そもそも NPO には大義に満足し良き意図を成果の代用にしてしまう傾向がある。したがって，成果を上げ成功するためには，外の世界にどのような変化を起こすことを自らの成果とするかを明確にし，そこに焦点を合わせなければならない」[3]とも論じている。

　成果は，世の中にどのような変化を起こし社会貢献をしたかという献身的行為の結果として，あるいは見返りとして後から還元するものであるという思想が，企業だけでなく NPO についてもいえるのである。NPO へのマネジメント導入の意義がここに存在する。

　非営利組織体といえども，マネジメントはきわめて必要なのである。さらにドラッカーは「NPO は善なすことに身を捧げる。しかし彼らはよき意図が組織，リーダーシップ，責任，仕事，成果に代わりうるものではないことを承知している。そのためにも，マネジメントは必要であることを認識している。そして NPO のマネジメントは組織の使命からスタートする」[4]と論じている。

　特に，会社の取締役会の手本として，NPO の理事会の機能を挙げている。理事会内の委員会の1つによってその仕事ぶりが評価される，すなわち，事前に設定された基準に照らし合わせて自分たち自身の仕事ぶりを評価する理事会であると認識しているのである。NPO の使命を貫徹するためにマネジメントは導入されなければならない。特に「理事会を有効なものとする鍵は，その役割について論ずることではなく，その仕事を組織化することである」[5]と論じてマネジメント導入の必要性を強調している。

　今や「NPO は会社に対しても明確な教訓をもたらしている。NPO がコミュニティーの絆を生み出し，能動的な市民性，社会的な責任，価値に対するコミットメントをもたらしつつある。NPO が使命を明らかにし，人材を的確に配置し，継続して教え，学習させ，目標と自己管理によるマネジメントを行い，要求水準を高くし，責任をそれに見合うものとし，自らの仕事ぶりと成果に責任をもたせることである」[6]。

　もちろん，アメリカと日本の NPO の理事者や評議委員会のメンバーの仕事ぶりとを一概に比較できないが，NPO 活動の先進国であるアメリカの NPO

における理事会の機能は，参考に値するものがある。よいところはどんどん取り入れ，わが国の風土にあったNPO活動を立ち上げていけばよいと考えられる。

2　社会的使命のマネジメント

　社会的使命とは，世のためになり役に立つ魅力的な仕事を他人に先がけて自発的に行って社会貢献をしようという骨太の強固な意思，社会的な使命感を総称していう。つまり，崇高にして献身的な社会的正義の行為・行動である。仏教用語である因果応報の概念とオーバーラップする。

　こうした社会貢献活動を1本のスジを通して強力なリーダーシップのもとに組織的に事業活動として具現化し成果を上げるためには，営利組織体が行っているマネジメントスキル（management skill）をモデルにすることが大切である。

　社会的使命を必達しようという強固な意思（mission・will）の力と，成果に結びつける技術・ノウハウ（スキル）との両輪がうまく連動しリンケージしてはじめて目的が達成される。そのために，マネジメントは導入される[7]。

　非営利組織体におけるマネジメントを行うためには，営利組織体のマネジメントと非営利組織体のマネジメントの共通点と，非営利組織体ならではのマネジメント手法は何なのかを的確に見極める必要がある。そのためには，先ず事業組織の違いを認識することが大切である（前掲図表1-5参照）。

　そして社会的使命のミッションマネジメント（mission management）[8]ならではの極意を身につけることが大切である。その極意とは，事業活動の推進力となる燃えるような経営意思・思いを1つに結集させ，その思いに賛同する仲間を囲い込んでいく気迫と情熱と誇りを全面に押し出すことである。

　特に人脈や後援会，支援者，支持者のような組織がバックに存在するとマネジメントを行っていく上での手助けになる。もちろん，忘れてはならないことは，非営利組織体の中心となるリーダーの生き方や生き様，ライフスタイル[9]である。組織の基軸になる人物のミッションやパッションが組織化するに当た

っての重要な決め手になる。自分の生き方をデザインでき，そのグランドデザインを事業活動として，マネジメントできる素養がないと法人化は難しい。

ただ，単なる任意のボランティアからスタートし，ある程度軌道に乗って多くの賛同者が集まり，こうした基盤を先ず作ってから本格的なNPO法人へと連動させていく方法もある。職種の異なる異業種の大企業を退職した人たちが，連携をとりネットワークを張り巡らして，長年培ってきたノウハウを活かし中小企業の経営支援活動をNPO法人で立ち上げたという記事が日本経済新聞に掲載されていたが，それがこうした方法だろう。このようなNPO法人は比較的成功率が高いと考える。事務能力やマネジメント能力に長けていて即，社会貢献できる強みが備わっているからである。不況の長期化で景気が低迷し倒産寸前の中小企業がこうしたNPO法人を待ち望んでいるという現実の姿がある。長年，企業戦士として培かってきた技術・ノウハウがダイレクトに活かされ，退職後の生き甲斐となって第二の仕事，自己発見・自己実現にも繋がる。

また，子育てが終わった主婦達が，地域社会の絆を活かして人権の擁護や平和の維持・推進，老人介護・福祉の増進，男女共同参画社会の形成による女性の地位向上，子供の健全化・非行防止，安全で快適なまちづくり，高齢者のための文化・芸術・スポーツ活動などを企画し，NPOへと連動させていく地域社会貢献活動のようなNPOも当然あってよいだろう。

もちろん，事業領域はある程度絞り込んだ方がよいと思われるが，こうしたNPOが全国的に展開されて，強力なネットワークができるようになるとNPOの地域社会貢献活動は政治や行政の失敗，企業による市場の失敗した部分の穴埋めを果たす役割や機能を持つようになる。そうすることで，市民意識が高揚し政治や経済，環境・福祉，文化・芸術などに関心を持つようになる。福祉文化国家の誕生である。

政治的無関心の穴埋めをNPOが補填する意義はきわめて大きいといえるだろう。そのためにも，事業理念・社会的使命（social mission）を構築し必達していくための強力なリーダーシップとモチベーション（motivation：動機づけ・やる気）→コミュニケーション（双方向の意思疎通）→コラボレーション（collaboration：協創・協働）→バリエーション（variation：変化・変

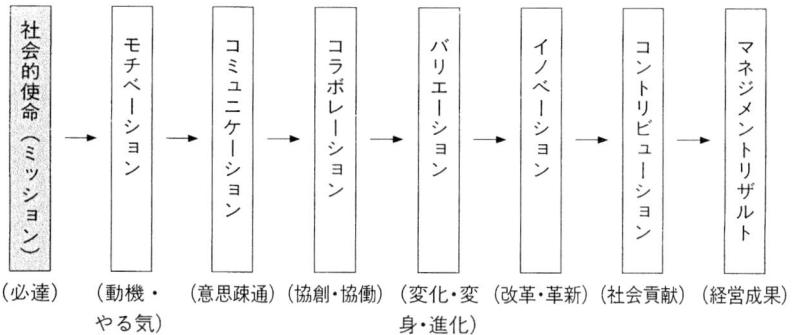

図表 2-1　社会的使命のマネジメントの具現化フロー

社会的使命（ミッション）（必達）→モチベーション（動機・やる気）→コミュニケーション（意思疎通）→コラボレーション（協創・協働）→バリエーション（変化・変身・進化）→イノベーション（改革・革新）→コントリビューション（社会貢献）→マネジメントリザルト（経営成果）

身・進化）→イノベーション（innovation：改革・革新）→コントリビューション（contribution：貢献）→マネジメントリザルト（result：経営成果）するための社会的使命のマネジメント必達のフローが欠かせない[10]（図表2-1）。

3　ミッションを基軸にしたマネジメントの展開

　非営利組織体のマネジメントは，事業目的である社会的使命を基軸にしたマネジメントシステム（mission management system）[11]を導入することが大切である。このシステムの詳細は，拙著『社会的使命の経営学／mission management system』（中央経済社）で論述しているので参考にしてもらいたい。

　この本は営利組織体，つまり会社・企業におけるミッションマネジメントシステムの導入という立場から論究しているが，このマネジメントシステムは，アレンジすれば非営利組織体のマネジメントにも十分に応用し活用することができる手法なので，ここではその概要について述べる。

　具体的には，図表2-2に示したように，経営理念を基礎に，事業体の基軸になるミッションを最上位に据えて，事業体のミッションを必達するという垂直的な展開になる。問題は，いかにして事業ミッションを組織内外に具体的に浸透させ成果の実現を図るかということである。

　事業体の燃えるような経営意思である社会的使命を，いかに理解させ納得し

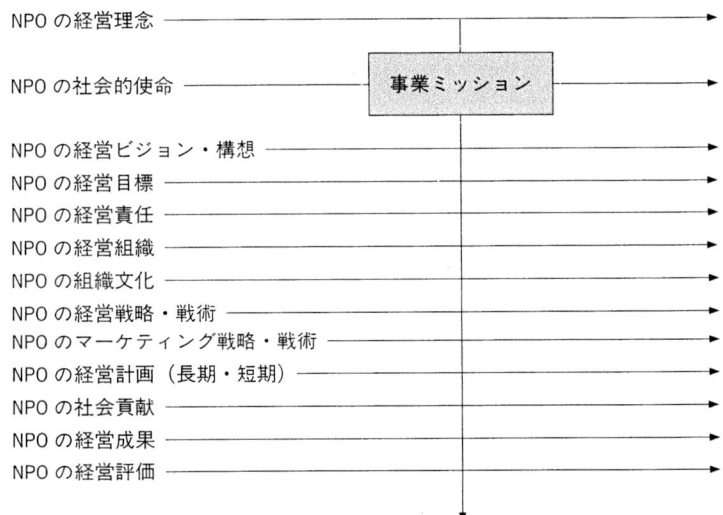

てもらい多くの人々の賛同を得て、社会的正義と社会的貢献の実現に向けてドライビングフォース（driving force：燃えるような事業推進力)[12]するかである。

　前述したとおり、このステップは、NPO事業の経営理念を基礎にして事業ミッションを最上位に掲げ、以下の概念を事業ミッションで串刺しにするよう、事業ミッションを組織内外に浸透させ展開していくものである。NPOの経営理念→社会的使命（事業体のミッション）→経営ビジョン・構想→経営目標→経営責任→経営組織→組織文化→経営戦略・戦術→マーケティング戦略・戦術→経営計画（長期・短期）→社会貢献→経営成果→経営評価というフローになる[13]。

　こうした流れをNPOの構成メンバー全員が共通認識として共有し、維持・存続することが大切である。とりわけ、事業体のミッションは大切で、善なる行為・行動を寄付者や資金提供者、支援者、会員、行政などに対して広く深く啓蒙できるようNPOの広報活動を強化する必要がある。

　そして、寄付者ミッション（寄付者の善意）が事業ミッション、従業員ミッション、顧客（受益者）ミッション、社会ミッションになるようビジュアルプ

図表 2 - 3　事業ミッションの内外浸透フロー

寄付者ミッション	⇄	事業ミッション	⇄	従業員ミッション	⇄	顧客ミッション	⇄	社会ミッション
（善意）		（使命）		（認知・認識）		（浸透・必達）		（貢献・成果）

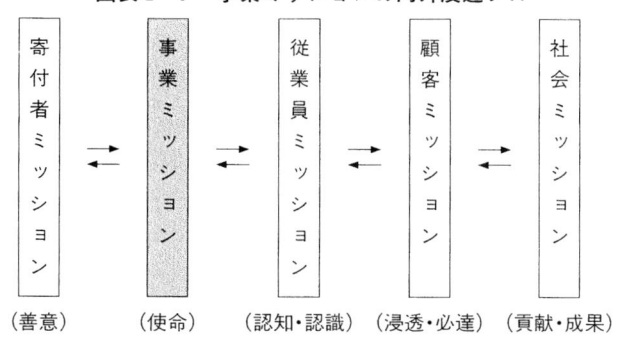

レゼンテーション（visual presentation：事業ミッションの視覚統合戦略）していくのである（図表2-3）。

4　営利組織体からマネジメントを学習する

　非営利組織体は，政治の失敗や企業による市場の失敗などを補塡する事業組織体として社会的ニーズはあるものの，いざマネジメントということになると素人集団的なものが多く，組織として円滑に機能させる手段を保持していないケースが多い。

　こういうときには，一からマネジメントの勉強をし直さなければ，世に通用するNPO法人としての活動の領域や内容が限定されてくる。そういう意味合いからすると，NPO法人の立ち上げ，設立手続きと同時に，事業運営の仕方，つまりマネジメントやマーケティングのやり方を実務として習得しておく必要がある。公的機関や民間の研修機関でNPO法人の開業研修や実務セミナーがあれば，ぜひとも参加したいものである。

　もちろん，NPOの構成メンバーの中にマネジメントやマーケティングの実務知識の経験がある人材がおればそれに越したことはない。書店に行けば，マネジメントに関する書籍がたくさんあるので，ある程度学習してから立ち上げるようにしたいものである。経営というものは，本で読んだからすぐに役立ってやれるような甘いものではない。実際の経験が大きくものをいうのである。

最もよい方法は，やはり構成メンバーのコア・核になる人物に，民間企業におけるマネジメントの経験があり，マネジメント実務に長けていることである。こういった人材をヘッドハンティングしてくることも可能である。

　定年後の第二の人生にボランティア精神をもって生き甲斐感を模索しているサラリーマンは意外に多い。企業戦士から解放され，何か今までの仕事の経験・ノウハウを活かして世の中に奉仕し貢献したいという人間は必ずいるはずである。

　単なる寄せ集めのメンバーでは組織立った事業展開を行って社会貢献活動を軌道に乗せるのは至難の業である。マネジメントに向く人とそうでない人がいるからである。マネジメントに向かない人たちだけでは事業展開は覚束ない。職務分担をきちんとしなければ，世間に応えられるようなサービスを提供することはできない。

　非営利組織体における社会的使命とマネジメントとは，別個のものであるという認識を先ずもつ必要がある。ミッションはよいがマネジメントができない，マネジメントの経験はあるがミッションがないというようなアンバランスな状態で，地域を支える福祉NPO事業を起こさないことである。

　どうしても，適任者が見つからないようなら，上部団体である特定非営利活動法人日本NPOセンター（〒150-0021　東京都渋谷区恵比寿西2-11-11-104　ニュー恵比寿台ハイツ　TEL 03-5459-8877）や特定非営利活動法人NPOサポートセンター（〒104-0061　東京都中央区銀座8-12-11　第2サンビル　TEL 03-3547-3206）などに問い合わせて人材（財）を紹介してもらうのも1つの方法である。

　人材（財）までは紹介してもらえないかもしれないが，NPO法人を立ち上げるための各種の情報が得られることは間違いない。こうした機関を通じて新たな展開が予想されるケースもあるだろう。また，都道府県，市区町村のNPO取り扱い関連部署や設立手続きを申請する窓口に出向いて情報を得ることもできる。

　さらに，実際にNPO法人を立ち上げているNPO法人に出向いて直接，理事長や構成メンバーから苦労話や申請の手続き，受益者や寄付者の動向，事業計画の立て方などのマネジメントやマーケティングのやり方，経営成果，貢献

結果，決算書の作り方などを教えてもらうのもよいやり方である。

5　ミッションマネジメントからマーケティングへ

　NPO法人を初めとする公共非営利組織体のミッションマネジメントは，ミッションマーケティング（mission marketing）[14]活動が伴わなければ，あまり有効に機能しないであろう。非営利組織体のマーケティングは，きわめて大切である。

　非営利組織体は，営利組織体に比べて利益・利潤の追求が目的ではないため，マーケティングは必要ないとの考え方が一部にあるが，非営利を目的とするからこそマーケティングも必要になってくるのである。営利，非営利に関係なく組織があるところに，マネジメントおよびマーケティングは必ず存在する。マーケティングとは，一般的にいえばCS（customer satisfaction：顧客満足）を創造することだからである。

　非営利組織体における顧客とは受益者である。受益者満足を図るためにはどのような手ほどきやテクニックが必要であるかを，受益者サイドに立って考えてみることがマーケティングの原点である。顧客第一主義の視点である。

　もう1つの視点は，寄付者である資金提供者や会員，政府からの補助金給付，事業収益を上げるためのマーケティング的視点である。NPO法人においても企業のCI（corporate identity）戦略のようなイメージ戦略を展開して，社会的貢献内容などをパブリシティー（publicity），広報誌などを通じて強烈にアピールする必要がある。

　善なる行為・行動は具体的に目に見えるかたちでビジュアルプレゼンテーションしなければ，多くの市民レベルまで届かない。そのためには社会貢献のかたちを事業ミッションの視覚統合戦略として強烈に打ち出す必要がある。慈善的行為行動のすべてを情報公開，ディスクロージャーするのである。

　善なる行為行動に気がつく市民が多くなればなるほど，世の中から尊敬され，活動を行っている自分自身にとっても大きな生き甲斐感が湧いてくる。こうした善意の繰り返しで大きな地球市民レベルの貢献活動になれば，善意に満ちあ

ふれた人間集団ができあがる。人間の生きる力と尊厳を与える活動のネットワーク、「地球村」時代の始まりである。

現にネットワーク「地球村（net work "earth village"）」は、国連などが提唱している「地球と調和した（幸せな社会）」の実現を図ることをモットーにしたネットワークであり、グリーンコンシューマー（green consumer：環境に優しい市民）が増えることで幸せな社会の実現を目指している。

こうした動きは、「NGO国連」の設立（2010年）に向けての第一歩として、NGOプレサミットの開催（2002年），NGOサミット（2005年）を予定している。ネットワーク「地球村」は全国に展開しており、会員は3500名を超える。

ネットワーク「地球村」の事務局は、多くの賛同者を得るために図表2-4のような広報誌、パンフレットをマーケティング活動の一環として配布し、情報の提供事業を行っている。ちなみに、新規入会金は5000円である。

NGOは非政府組織であり、NPO組織と変わっているかといえばそうではない。基本的にはNGOのマネジメントは、NPOのマネジメントと何ら変わるものではない。この両者は同じような組織の別名称といったニュアンスで捉えた方がよい。名づけ親は国連である。

NPOが非営利を追求し利潤を分配しないということを強調するのに対して、NGOは非営利でありつつ政府機関から独立した組織というニュアンスを強調するのに使われる。国境を越えた国際交流・国際支援・援助団体という場合もある。海外青年協力隊等はそのよい例である。ボーイスカウトやガールスカウトの国際活動などもこれに入るものと思われる。

いずれにしても、NGOのこうした組織にもマネジメントは必要である。2人以上の組織が存在する限りマネジメントも存在する。基本的にはNPOのマネジメントと何ら変わるものではない。NPOはより非営利を、NGOはより非政府をという性格を強調しているところに大きな特徴があるだけである。

非政府組織の大先輩は、赤十字国際委員会であり、戦時における傷病者、捕虜の保護を目的として創設された。1864年に活動の詳細を定めた赤十字条約が締結されている。最近では、コソボなどの難民支援に関するNGO諸組織や対人地雷禁止国際キャンペーンを続ける組織、戦場や国際紛争地域で常時継続的

図表2-4　「地球村」が展開している各種活動のパンフレット

講演会，シンポジウム 地球環境の現状を知らせるとともに，生き方・価値観の転換について提言する	**環境学習会** ゴミ問題，ダイオキシン，環境ホルモン，地球温暖化，食料・エネルギーの自給率など環境問題をテーマにした学習会をしています
MM（メンバーズミーティング） 環境問題や生き方について，話し合い共に気付き，癒されるためのフリートークを中心としたミーティング	**行政への政策提言** 原発や環境問題に関するアンケートを知事，市町村長に実施。これらを冊子にまとめて多くの市民に配布。ゴミのリサイクル（4R） 環境市民会議の設立 公開討論会
グリーンコンシューマになろう！ ファクター10（消費1/10）を目指そう ・無駄，有害なものは買わない ・無駄にしない，大切に使う ・節電，節ガス，節水，自動車を減らす ・家族が仲良くし，消費を減らす ・企業へ製品についての要望を提言	**有機無農薬農業の支援** 輸入に頼らず安全な食料の確保 自給率を上げるための啓蒙活動 農業体験の実施
地域リーダー育成セミナー 各地『地球村』リーダー育成のための一泊二日の研修を年間14回開催	**ディープエコロジー　ワークショップ** 自然との繋がりを取り戻し，人間も地球上の生物のひとつであることを感じ，母なる地球に自分として何ができるか気付くためのワークショップを開催
オゾン層破壊対策 講演会などを通し，周囲への啓蒙活動 フロンガスの回収支援 学校や保育園のプールに紫外線防止用屋根の設置 UVカット製品の着用推進	**アースデイパレード** 美しい地球を子どもたちに残すため，楽しいパレードをすることで自分として何が出来るか，多くの人たちに呼びかけました。
諫早湾干潟撤回を求めて 鉄の扉で締め切った諫早湾の生物を生存させるために，みんなでバケツリレーで海水を入れ，諫早湾復元の意志表示をした。	

出所：「ネットワーク地球村普及用パンフレット」ネットワーク「地球村」事務局，2001年より。

活動を続けている「国境なき医師団」，地球環境破壊反対運動を続けている「グリーンピース」などが，活発な活動を続けている。

　なかでも，地雷キャンペーンは，禁止条約成立という成果を獲得し，1997年にノーベル平和賞を受賞している。なお，国連が認知したNGOは1603団体にも及んでおり，活動参加者は200万人にものぼっている。

　NGOの本来の語義から判断すると，わが国でいうボランタリーグループやボランティア団体，市民活動団体，社団・財団・社会福祉法人などの公益法人や協同組合等までも含む概念である。ボランティア活動の分類を見ると，①社

会福祉系，②教育，文化，スポーツ系，③国際交流，協力隊系，④地域社会系，⑤環境保全系，⑥保健医療系，⑦その他の7分類となっている。

　ただし，わが国では実際にどのような団体を指すのかについての社会的合意はいまだないというのが実態である。しかしながら，神戸地域を襲った阪神淡路大震災の時，最も機能的に活動したのは，ボランティアであったといわれるほど，大きな役割，つまり社会貢献をしているという実績がある。NPOやNGOはいざという時の俊敏な活動や対応姿勢がきちんとできており，機能するという特徴を持っている。

　その理由は，組織が参加者各人のボランティア，つまり主体性を持った組織集団であるからである。営利を目的としていないからこそ，人道的立場で急場しのぎの組織体制ができ上がるという特徴を持っている。役割分担によるマネジメントがしっかりとでき上がっているからである。

　国連などが提唱しているネットワーク「地球村」の活動状況については，図表2-4に掲げた地球村パンフレットをご参照いただきたい。

　このネットワーク「地球村」の事務局は大阪市北区堂山町1-5，大阪合同ビル301（TEL 06-6311-0309，FAX 06-6311-0321）にある。各地域「地球村」の会員数は現在3万5000人であり，全国各地に支部がある。

　2002年にはNGOプレサミット，2005年にはNGOサミット，2010年には「NGO国連」の設立を予定している。このNGO国連の基本理念は，「非対立」つまり，

　　○責めない，抗議しない，争わない。
　　○事実を伝え，提案し，共に考え，気付くまで待つ。
　　○自分が変わり，周りが変わり，世界が変わる。
　　○あなたが変われば，周りが変わり，世界が変わる

という4つのコンセプトを明確に打ち出している。

　つまり，NGO国連の設置によって，真の平和，幸せな社会の実現を目指そうというミッション（社会的使命）である。

　ネットワーク「地球村」の代表である高木善之氏は，「世界では環境問題だけでなく，戦争，飢餓，貧困，さまざまな不正や犯罪が起こっている。でもそ

んなことに無関心，無責任だったのも自分，そんな政治家を選んだのも自分，そんな製品を買っているのも自分，そんな日常生活を送っているのも自分，全て自分なのである。自分が変わらない限り，何も変わらない。すべて，自分の無関心，無責任から発しているのである。今，1人1人の意識，価値観の転換が必要である。決意と変化と行動が大切である。希望を失わず，あきらめないことである。全ての争いは自分の心から生まれる。全ての平和は自分の心から生まれる。先ず，自分の心の中に真の平和，真の勇気，真の愛を見い出そう」と呼びかけている。

さらに，「真の平和は，国境を超えた国際的な知恵と力と勇気の結集が不可欠であり，現状の国連は経済大国，軍事大国の利害が優先され真の平和の達成は困難である。そこで私はNGO国連を提唱する。NGO国連は，全世界のNGOが全人類の願いを込めて，平和や環境について各国政府に強い力で勧告するものである。それには，世界規模での影響力（不買，ボイコット，投票など）を持つネットワークが必要である。それには先ず，世界の主要NGOによるNGOサミットを実現させ，その中でNGO国連の提唱，世界的コンセンサスを作らなくてはならない」と明言している。

これらは，ほんの一部の広報誌，パンフレットによる呼びかけである。具体的には先の図表2-4にも示されているように，具体的な活動を通じてマーケティング戦略に代えることである。百聞は一見にしかずである。

いずれにしても，事業ミッションが具現化され，多くの人たちの賛同を得て善なる行動が素直に受け入れられるようなマーケティング活動が必要である。多くの人の賛同を得れば，寄付者や会員の会費が集まると同時に，補助金の対象になるように維持・展開していくことが大切である。

社会的使命の必達を目指すミッションマネジメントは，ミッションマーケティングなくしては存在しないといえよう。ミッションマーケティングは，ミッションマネジメントを貫徹するための下位概念であるといえる。

[注]
1) P. F. ドラッカー，上田惇生訳，ダイヤモンド・ハーバード・ビジネス編集部

編『P. F. ドラッカー経営論集』ダイヤモンド社，1998年，p.89。
   2) 同上書，p.90。
   3) 同上書，p.91。
   4) 同上書，p.89。
   5) 同上書，p.96。
   6) 同上書，p.104。
   7) 事業体の経営意思である思いをwillと呼び，このwillを具現化するための技術・技法・ノウハウをskillと呼んで区別してみたものである。このwillはmissionという言葉に置き換えられる。
   8) 社会的使命のミッションマネジメントとは，事業体のミッションを経営理念を基礎に最上位に掲げ基軸にして，非営利組織体の使命を必達することを目的にしたマネジメントシステムである。
   9) ライフスタイル（life style）とは，生活者・顧客・ユーザーの生き方である生活様式（社会学的要因）・行動様式（行動科学的要因）・価値観（深層心理学的要因）などを総称していう言葉である。マネジメント現場を離れた私生活の過ごし方やあり方など個人的な概念を基礎にして構築されるものと考えられる。
   10) 社会的使命の必達は，事業組織のリーダーによるリーダーシップの有無により，モチベーション→コミュニケーション→コラボレーション→バリエーション→イノベーション→コントリビューション→マネジメントリザルトといったフローで具現化されるものと考えられる。
   11) ミッションマネジメントシステムとは，事業ミッションを経営理念に次ぐ最上位に掲げて，このミッションを基軸に据えてその必達を図るマネジメントシステム，つまりシステムズアプローチの手法を指していう。
   12) driving forceとは，寄付者ミッションを事業ミッション，従業員ミッション，顧客「受益者」ミッション，社会ミッションへと浸透させて成果を上げる事業体の強力な事業推進力を指していう。
   13) 事業ミッションは，経営ビジョン・構想→経営目標→経営組織→組織文化→経営戦略・戦術→マーケティング戦略・戦術→経営計画（長期・短期）→経営成果→経営評価といった概念を串刺しにして初めて必達されるという論理に基づいてこういってみたものである。
   14) ミッションマーケティングとは，事業ミッションを基軸にしてその使命→責任→貢献→成果を上げるようなマーケティングシステムを指していう。

第3章
顧客満足から社会満足へのマーケティングパラダイム

1 なぜ，非営利組織体のマーケティングか

　マーケティングは，顧客満足（CS）から社会満足（SS：social satisfaction）[1]へとパラダイムシフトしてきている。こうした背景には，政治の失敗や企業の市場形成過程の失敗などを補塡する機能として台頭してきた非営利組織体のマーケティングや会社・企業の企業市民性，企業メセナ活動，企業フィランソロピー（corporate philanthropy）[2]，NPO活動へのシフトなどが挙げられる。
　つまり，企業が社会的使命のミッションマーケティングを志向すれば，限りなくNPO活動の領域に近づくのである。企業のNPO化，NPOの企業化という現象が起きてきているものと考えられる。コミュニティービジネスなどはNPOにおける企業化のよい例である。
　事実，顧客満足は社会満足の一部分であるという考え方も成り立つであろう。社会満足は顧客満足の概念を包含しているのである。会社・企業を取り巻く消費者・顧客・ユーザー，従業員・労働組合，株主，取引先，地域社会，NPO・ボランティア，自治体，公共企業体，政府・国家などのステークホルダー（stakeholder：利害関係者）満足が，言い換えれば社会満足の概念である。
　非営利組織体は，顧客「受益者」を包含しもっと広く深い社会全体を包み込むような社会貢献志向のマーケティングを可能にする。企業においても社会貢献活動をした結果，利益の追求を図るのであるが，企業のそれとは質が異なる。非営利組織体は利益を目的とはせず，使命を果たし必達することを目的とする。

ここが最も大きく異なる点である。

2 顧客満足からステークホルダー満足へ

マーケティングの歴史をひもといてみると,マッカーシー(E. J. McCarthy)の4P「product：製品，price：価格，place：場所・流通チャネル，promotion：販売促進」からCSへ，さらにCSからSSへと変化していくものと考えられる。もともと，マーケティングは需要よりも供給が多くなった時代に，いかに売りさばくかという概念からスタートしている。

供給よりも需要が多い場合には，マーケティングの必要はない。セリング(selling) という概念で包括され，マーケティングは存在しないのである。生産した物がすべて売れるからである。その後，供給過多になり売るために作る，売りさばくという概念，つまりマーケティングが生まれ，次に顧客が欲する製品・商品・サービスへとマーケティング概念が変化していった。すなわち，マーケティングとは顧客満足を創造することであるというふうに考え方が変わってきたのである。

そして，今やマーケティングの概念は，顧客満足からステークホルダーの満足[3]，つまり社会満足をも包含しなければならないという概念に変化しつつある。この背景にはアメリカにおけるNPOの飛躍的な社会貢献活動の後押しがある。これは，後述するアメリカにおけるNPOの理事会の機能を見ればよく理解できるだろう。

ドラッカーは「すでにアメリカではガールスカウト，アメリカ赤十字，教会などの非営利組織（NPO）がマネジメントのリーダー役になっている。今日では膨大な数の人たちが，まさに無給のスタッフとして，それぞれのNPOでマネジメントの仕事やスペシャリストの仕事を引き受けている。NPOはその生産性，活動の範囲，マーケティング活動，社会への貢献において，この20年間に急成長した。救世軍を初め，NPOの成功の底にあるものは，マネジメントやマーケティングへのコミットメントである」[4]といっている。

さらに，ドラッカーは「アメリカの赤十字は，最大のNPOであって，極め

て複雑な組織である。世界中の災害救助に関わり，血液バンクに加えて骨髄バンクや皮膚バンクを運営している。心臓や呼吸の蘇生トレーニングを行い，学校で応急手当の訓練を行う。NPO の理事会のほとんどは，会社の取締役会のように無力化されていない。NPO の CEO がどれほどそれを望もうとしても，理事会が CEO の言いなりになることはない」[5]といっている。

加えて，「その1つの原因は，資金である。上場会社の取締役が，大株主であることはあまりない。これに対し NPO の理事の多くは自ら大きな金額の寄付をしており，また寄付してくれる者を連れてくる。もう1つの原因は，NPO の理事の多くが，それぞれの NPO の使命に個人的にコミットメントしている。教会や教育を大事に思っていない限り，信徒代表や学校の理事にはならない。NPO の理事は，自身がボランティアとして長年奉仕し，自分の NPO にきわめて詳しくなっている」[6]といって，NPO の理事や理事会の機能を賞賛している。あたかも，企業の取締役会に NPO の理事会の機能を見習えとさえ明言しているのである。

3　社会的使命のマーケティング到来

アメリカにおいて NPO が大きな社会貢献活動を行うようになった背景には，やはり奉仕者や寄付者の市民社会に対するコミットメント，つまり契約思想がその根底に存在するという事実がある。欧米社会では，自分のことよりも先ず地域社会のあるべき姿，将来像というグランドデザインを優先させ，このグランドデザインとのコミットメントを通じて市民が等しく公平にベネフィットを共有するのである。

いうなれば，市民社会，地域社会あっての個人社会であるという発想である。こうした考え方は，残念ながらわが国の国民性のなかにはあまり定着していない。寄付をするという契約・公約思想が乏しいのである。島国という国土や同一民族であるという風土が市民意識を変えてしまうのである。

アメリカは多民族国家であり，各種各様の文化を持った人間がひしめき合っている。こうした風土から新生活価値が創造される。わが国よりも危機意識・

危機管理が芽生える風土や国情がある。国内に争いごとや憎しみを持たないような社会的使命を醸成させる風土が存在するのである。社会的使命のミッションマネジメントやミッションマーケティングが派生しやすい環境が整っているといえよう。

しかしながら，わが国においても企業ミッションの大切さや社会貢献活動，企業フィランソロピー，企業市民性などへの理解が深まり，NPO活動に対する関心が一般市民レベルでも高まりつつある。NPO法の制定がこれを後押ししていることは言うまでもない。また，社会的使命のマネジメントやマーケティングの概念も徐々にではあるが浸透しはじめていることも事実である。

したがって，安易にわが国がアメリカにおけるNPOのマネジメントやマーケティング概念をそのまま導入するということは避けなければならない。要はいかにして日本の風土になじむNPO法人やマネジメントおよびマーケティングを構築できるかどうかにかかっている。

4　企業のNPO化，NPOの企業化への進展

非営利組織体のマーケティング上の類型化についての詳細は第5章に譲るが，ラブロック（C. H. Lovelock）およびウェインバーグ（C. B. Weinberg）は著作 Public and Nonprifit Marketing のなかで，①寄付的行為に依存するタイプ，②使用者料金に依存するタイプ，③後継者によってコントロールされる相互的タイプ，④専門家によってコントロールされる企業家的タイプ，という資金源および支配形態による分類を試みている（図表5-6参照)[7]。

また，河口弘雄は，ラブロックおよびウェインバーグのマーケティング類型化を基礎に，①寄付型，②事業収入型，③成果実現が短期，④成果実現が長期，つまり資金源およびサービスの性質の相関マトリックスから3つの類型化のパターンを試みている[8]。

こうした研究者のマーケティング類型化への特徴から指摘されることは，NPO活動は必ずしも寄付金，会費，補助金などに頼るのではなく，事業収益をも事業費として計上できることになっているという点である。ただし，何度

もふれているとおり，事業収益は再投資されなければならず，スタッフや理事などの役員に対して分配することを禁止しているのである。

収益事業がNPOで認知されているということは，NPO活動は寄付金などの資金提供だけでは，事業の存続が困難を伴うという実態があるのではないかと考える。したがって，NPOの企業化という現象が一方では進められ，もう一方では，寄付金，補助金，会費といった二本立てで資金集めをしなければならないという厳しさがある。

さらに，企業の方はといえば企業フィランソロピーに代表されるように，企業メセナ活動や企業市民性というかたちで企業のNPO化，つまり社会貢献活動が世の常識になってきている。こうした双方の歩み寄りがNPO活動を支える原動力になっているといえよう。

5　契約思想とコミットメントとの関係

アメリカにおいてNPOが飛躍的に急成長したのは，前述したとおりキリスト教圏特有の契約思想がその根底に根付いているからである。キリストという神との契りと絆で欧米の市民社会は結ばれている。神に背いた行為行動はタブー視され市民社会からのけ者にされる。

欧米の裁判での裁判官の尋問で，被告人が聖書に手を当てて神に誓っているシーンを映画などでよく見かける。神に誓って虚偽の口頭尋問をしないことを約束し誓うのである。教会の牧師が聖書に基づいて布教活動を奨めるのもこうした神との契約思想が背後にあるからではないだろうか。

これと同様の契約が企業と顧客，企業と取引先，企業と市民社会，企業と地域社会，企業と国家などとの間で取り交わされる。従業員を雇うというよりも従業員と仕事の契約を交わすのである。企業も企業を取り巻くステークホルダーとの間に契約を交わすというふうに考えた方がよい。

この契約思想が，企業とステークホルダーとのコミットメントというカタチで事業の取引関係が委任・委託・委譲される。リレーションシップマーケティング（relationship marketing）[9]の到来である。

こうした考え方は，NPO活動にも適用される。企業と同様にNPOは，顧客「受益者」や寄付者との間に有償（収益事業），無償の取引関係性を締結するのである。寄付者満足はもちろんのこと，顧客「受益者」満足をも同時進行させなければならない。

　こうしたマネジメントやマーケティングを取り仕切るのがCEO（chief exective officer：最高経営責任者）であり，COO（chief operating officer：最高執行責任者）である。COOはわが国の社長にあたる。CEOは企業にもNPOにも存在する。企業では代表取締役会長，NPOにおいては理事長がこれに該当する。彼らは事業ミッションを必達するためのマネジメントやマーケティングを委任・委譲された人物である。

[注]
　1）　ここでの社会満足とは，会社・企業を取り巻くステークホルダーである，消費者・顧客・ユーザー，従業員・労働組合，株主，仕入先や販売先，金融機関などの取引先，地域社会，NPO・ボランティア，自治体，政府・国家などの満足を総称している。
　2）　企業フィランソロピーとは，企業における博愛・慈善という思いやりの心，人間性という意味である。企業が「社会の公器」，あるいは「公共の利益を以て私益と成す」という性格を保持し，市民社会の一員として社会との良好な関係性を維持するための社会貢献活動を指す。企業メセナや企業市民性という言葉はこうしたことが背景になって生まれた。
　3）　ステークホルダー満足とは，社会満足と同様な意味であり，企業が利害関係者との良好な関係性を保持するために行う満足の概念である。顧客「受益者」満足もこの社会満足概念に包含される。
　4）　P. F. ドラッカー，上田惇生訳，ダイヤモンド・ハーバードビジネス編集部編『P. F. ドラッカー経営論集』ダイヤモンド社，1998年，pp.87-89。
　5）　同上書，pp.94-95。
　6）　同上書，pp.95。
　7）　C. H. ラブロック，C. B. ウェインバーグ，渡辺好章・梅沢昌太郎監訳『公共・非営利のマーケティング』白桃書房，1991年。
　8）　河口弘雄「NPOの経営の構築／マーケティングを中心として」奥林康司・稲葉元吉・貫隆夫編著『NPOと経営学』中央経済社，2002年。
　9）　リレーションシップマーケティングとは，CRM，つまり顧客関係性マーケティング（customer relationship marketing）ともいう。アメリカの経験値から，企業の20%の顧客で約80%の売り上げを達成しているということから，残りの80%の顧客開拓にかけるコストよりも，上得意先である顧客20%との取引関係性を重視した方がはるかに効率的であるというマーケティングを指していう。

第4章

非営利組織体におけるマーケティングの醸成

1　非営利組織体とマーケティング定義

　非営利組織体のマーケティングは，マーケティング定義のなかにどのように位置づけられているのだろうか。図表4-1は，マーケティング定義の変遷を見たものである。1960年の定義では企業のことだけを考えたものであったが，1985年の修正AMA（America Marketing Association：アメリカマーケティング協会）の定義で，非営利組織体はマーケティングのなかに位置づけされるようになった。

　1990年のJMA（Japan Marketing Association：日本マーケティング協会）が定義した内容によると，4つの注書きのなかに非営利組織体が，マーケティング活動の主体であることをはっきり位置づけている。先ず，マーケティングの主体であるが"企業および他の組織"の箇所では，他の組織のなかに「教育・医療・行政などの機関，団体を含む」となっており，非営利組織体や団体が主体である旨，はっきりと明示されている。

　次は，マーケティング活動のスタンスについてであるが，"グローバルな視野に立ち"という箇所の注書きが「国内外の社会，文化，自然環境の重視」となっており，国内外における社会活動や文化・芸術の振興，自然環境保護運動を訴える社会貢献活動を行っている非営利組織体が当然に該当されることになる。

　続いて"顧客との相互理解を得ながら"という箇所では，「一般消費者，取

図表4-1　マーケティング定義の変遷とNPO

AMA（アメリカマーケティング協会）の定義

[1960年の定義]

マーケティングとは，生産者から消費者あるいはユーザーに，商品やサービスの流れを方向づけるビジネス活動の遂行である。

修正AMAの定義

[1985年の定義]

マーケティングとは，個人や組織の目標を満足させるような交換を創造するため，アイデア・商品・サービスのコンセプト・価格・プロモーション・流通を計画し実行するプロセスである。

JMA（日本マーケティング協会）の定義

[1990年の定義]

マーケティングとは，企業および他の組織[1]がグローバルな視野[2]に立ち，顧客[3]との相互理解を得ながら，公正な競争を通じて行う市場創造のための総合的活動[4]である。

(注)　(1)　教育・医療・行政などの機関，団体を含む。
　　　(2)　国内外の社会，文化，自然環境の重視。
　　　(3)　一般消費者，取引先，関係する機関・個人，および地域住民を含む。
　　　(4)　組織の内外に向けて統合・調整されたリサーチ・製品・価格・プロモーション・流通，および顧客・環境関係などに係わる諸活動をいう。

引先，関係する機関・個人，および地域住民を含む」というようになっており，企業などの事業体を取り巻くステークホルダーがマーケティングの対象である旨，明言している。

さらに，マーケティング活動の位置づけについては，"公正な競争を通じて行う市場創造のための総合的活動である"という箇所のコメントとして，「組織の内外に向けて統合・調整されたリサーチ・製品・価格・プロモーション・流通，および顧客・環境関係に係わる諸活動をいう」と明言されている。

この注書きで重要なことは，マーケティングの存在価値は単なる市場活動ではなく，社会の変化に対応した「市場創造」のためのものであるという点である。このことは，環境問題などに関する社会貢献活動を行っている非営利組織体の事業活動領域がこの範疇に入ることを如実に表している。

また，"公正な競争を通じて行う"という箇所は，NPOのような非営利組

織体が神聖で社会的正義や社会的使命を保持し，その必達をもって社会貢献を行うというNPOの活動そのものを表現しているといえよう。

非営利組織体の仕事は，高潔であり神聖であり絶対的"善"である。支援者・支持者・寄付者のよき意図を組織に受け入れ，マーケティング活動を通じて人間を変革するという特徴を保持している。最終的には，こうした善意者の行為・行動に対して使命・責任・貢献・成果をどれだけ創出したかによって自らを評価し判定しなければならない。

2　非営利組織体のマーケティングとは

非営利組織体（私立学校，病院，社会福祉法人など）のマーケティングは，会社・企業など営利組織体におけるマーケティング（利益・利潤の追求）とは目的こそ異なるものの，マーケティング的志向そのものは何ら変わるものではない。一部には営利組織におけるマーケティングをそのまま非営利組織体に当てはめて考えることに懸念の声がないでもない。

しかしながら，営利組織体におけるマーケティングが，顧客満足の創造を図ると同時に，顧客の創造を図ることであるという考え方は，十分に非営利組織体のマーケティングにも当てはまるものと考えられる。会社・企業における顧客は，非営利組織体における受益者および寄付者（顧客）に相当するものである。

非営利組織体のマーケティングとは，非営利組織の目的である「社会的使命（ミッション）」をいかに必達していくかということであり，これこそ非営利組織体のマーケティングに関わる問題である。営利組織体のマーケティングと非営利組織体のマーケティングの大きな違いは，目的・目標そのものがスタートから異なるということである。目的・目標の実現・必達のためのためのマーケティング志向は普遍であり変わらないと考える。

非営利組織体のマーケティングは，受益者からスタートする"受益者「顧客」志向のマーケティング"であるということができるであろう。いうなれば，受益者「顧客」志向の「ミッションマーケティング」の遂行である。立派な非

営利組織体は，単なるニーズに奉仕するというのではなく，欲求（ウォンツ）を創造している。

　もともと，非営利組織体は，個人の需要やニーズではなく社会的ニーズ，つまり受益者のニーズやウォンツを見極め，組織の信条であるミッションと一体化させていくということを最重要視する。これが非営利組織体の原点である。

　マーケティングとは，サービス提供者の顧客ニーズと非営利組織体における行動とを一体化させるための仕事である。つまり，外界のニーズやウォンツと組織の目的，資源，目標とを調和させるための手法ということになるだろう。

　大切なことは，会社・企業などの営利組織体が顧客ニーズやウォンツを充足させるために利益・私益を得て顧客満足を図るのに対して，非営利組織体は寄付金や会費，補助金，事業収入などにより，そのほとんどを利益を得ないで受益者満足の創造を図るというところである。特に，非営利組織における受益者と寄付者が，組織によって媒介されると同時に結合されるという特質を持っている。

　しかしながら，会社・企業における顧客満足には，製品・商品・サービスといった公共財提供の対価として直接的に価格という対価が支払われ，この意味において，会社・企業と顧客との関係は直接的であるのに対して，非営利組織体と受益者の関係は間接的であるということができる。

　したがって，非営利組織体の成功・成果は，サービスの提供を受ける受益者満足の創造を図ることのみによるものではなく，寄付金を無償で提供する寄付者の満足をも重視しなければならない。受益者が受けるサービス供与は単なる受益者だけのものではなくもっと広く受益者を乗り越えた崇高かつ神聖な概念であるといえよう。非営利事業におけるサービスは，受益者との取引によって自己完結し得ない奥の深い人間の良心とか良識，思いやりの精神に負うところが大きいのである。

　いずれにしても，寄付者である者の「誘因（個人が組織から受ける効用）」と「貢献（組織目標達成に貢献する個人の犠牲）」，「期待」と「効用」の相関関係によって受益者満足は変わってくる。

　ここで大切なことは，寄付者満足が受益者満足に優先されるものではないと

いうことである。あくまでも，受益者満足の創造を図ることが非営利組織体のマーケティングには求められる。受益者満足あっての寄付者満足なのである。したがって，寄付者には組織とは長期にわたる関係を結ぶことであるという意識を持たせることが，寄付者の組織に対する支援を大きくすることになる。

　受益者満足を必達するためには，バーナードが言っているように，①共通目的，②コミュニケーション，③貢献意欲が存在し，社会的使命必達のためにミッションが存在する[1]。その実現に向けて①組織の有効性（組織の共通目的を達成する能力），②組織の能率（参加者の欲求を満足させる能力）を拡大していかなければならない。そこで機能するのが非営利組織体におけるマネジメントであり，マーケティングなのである。

3　非営利組織体におけるマーケティングの役割

　非営利組織体におけるマーケティングの役割で最も注目すべきことは，政治や政府の失敗および企業における市場の失敗を，補い是正するという機能を保持しているということである。

　もはや，NPOの事業活動を無視して公正な競争などあり得ないのである。これは，ドラッカーも指摘しているようにアメリカにおけるNPOの活動状況を見れば容易に理解できるであろう。「企業は利益を中心に計画を立てるが，NPOでは使命を中心に計画を立てる。アメリカ南西部にあるカトリック系のある病院チェーンは，使命を明らかにし成果を焦点に合わせることがいかに重要であるかを教えている。メディケア（高齢者向け医療保証）収入の減少と入院期間の短期化傾向にもかかわらず，患者の利益になることなら治療と看護の水準を上げることで，その収支を合わせることが仕事である。現に収入を15％も伸ばして赤字を出さずにすんでいる」[2]とドラッカーは言っている。

　こういったNPOの使命を企業は逆に見習うべきである。景気低迷下の今日，不正をしてまで利益を上げようとする大企業の不祥事が相次いで起きるのは何故であろうか。日本経済団体連合会は，1996年12月に改正した「経団連企業行動憲章」[3]を見直すことを明言している。ここに謳われている社会的良識に基

づいて提唱されている10の企業行動基準はどこへ行ってしまったのだろうか。絵に描いた餅になっては何の意味もない。

　企業行動憲章というものは，企業が企業を取り巻くステークホルダーとの間に交わした立派なコミットメントである。一度，宣言，誓約，公言，公約したメッセージはそう簡単に引き下ろすことはできないのである。これは法律違反・約束違反のようなものである。社会的使命を必達することを目的にしているNPOは，顧客「受益者」に託したコミットメントを忠実に励行し保証する。

　いうまでもなく，非営利組織体のマーケティングは，顧客「受益者」満足志向，社会満足志向のマーケティングを志向する。その基軸になるのは世の中に貢献しようというNPO独特のミッションである。寄付者などからの寄付金をミッションを高らかに掲げ社会的責任と社会的正義，社会的善意，社会的奉仕の精神で人間性，サービスをマーケティングしていくのである。

　ハードウェア（hardwere：基礎技術）である寄付金などを，受益者満足をさせるための運用環境，つまりライフウェア（lifeware：運用環境）を整えて，慈善と善意に満ちたソフトウェア（software：利用技術）に転換させ，神聖な寄付者の善意をホスピタリティーマインド（hospitality mind：思いやり）の精神であるハートウェア（heartware：思いやる心）に転化させ，心温まる人間性を植え付けるヒューマンウェア（humanware：人間性）へと連動させていこうという思いがある（図表4-2）。

図表4-2　顧客「受益者」満足のフロー

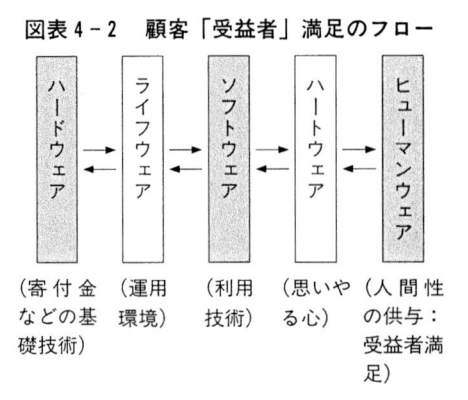

ハードウェア ⇄ ライフウェア ⇄ ソフトウェア ⇄ ハートウェア ⇄ ヒューマンウェア

（寄付金などの基礎技術）（運用環境）（利用技術）（思いやる心）（人間性の供与：受益者満足）

4　非営利組織体マーケティングの進め方

　非営利組織体のマーケティングの進め方は，図表4-3でみるように①事業ミッションの設定，②事業領域の決定，③顧客「受益者」満足の創造，④経営資源，サービス資源の調達，⑤事業組織の活性化，⑥財務効率の充実と改善，⑦貢献意欲の増進，⑧マーケティング成果の評価といった循環サイクルのステップで，事業ミッションに対して統合的，総合的，戦略的，戦術的に進めていくことである。

　先ず，第1は「事業ミッションの設定」である。例えば仮に環境の保全を図るNPO活動であれば，「自然環境と共生し共存できる美しい地球環境づくりに貢献していきます」という具合に設定してみる。これは企業の例であるが，キッコーマンの環境企業ミッションなどを参考にして考察してみるのもよい。

　「キッコーマンは，自然とのいとなみを尊重し，環境と調和のとれた企業活動をとおして，ゆとりある社会の実現に貢献します。1．全ての仕事で，環境との調和に努めます。2．法律はもとより，自主基準を守ります。3．環境保

図表4-3　非営利組織体におけるマーケティングの進め方

①事業ミッションの設定
↓
②事業領域の決定・確定
↓
③顧客「受益者」満足の創造
↓
④経営資源，サービス資源の調達
↓
⑤事業組織の活性化
↓
⑥財務効率の充実と改善
↓
⑦貢献意欲の増進
↓
⑧マーケティング的成果

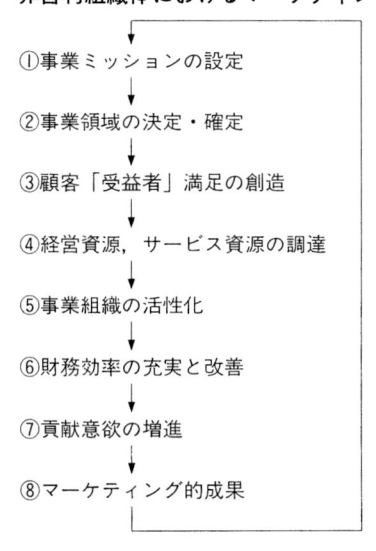

護運動に積極的に参加します。4．地球環境について学び，理解を深めます。5．グローバルな視点で考え，行動します」。

　第2は，「事業領域や内容の決定・確定」である。例えば，学校法人である大学の場合，従来のように事業領域をただ学内における教育だけにシフトするのではなく，学外である地域社会とのつながりを強化・拡大していき，事業ドメイン（domain：領域・テリトリー）を外に向けて，双方の関係性を強化していくのである。

　産学官「公」との連携を強化し，生涯教育を初め公開セミナーなど地域社会に開かれた教育と地域社会貢献活動を最重要課題に挙げて，教育というサービスマーケティング（service marketing）を行う。

　地元企業（資金および研究開発技術提携），地域社会（受益者）・学校経営者（理事者）・教員（教育者）・学生（被教育者）・政府，自治体（補助金資金提供者）・NPO，ボランティア（寄付者）といった関わり合いのなかから，新たなる事業領域を確保したマーケティング戦略を行っていくのである。

　場合によっては，大学同士の合併や併合，学部の統廃合などもリンケージさせながら戦略を練っていくことも考えられる。これが生き残りをかけた大学の新しいマーケティング戦略である。いずれにしても，相乗効果の上がるマーケティングミックス（marketing mix）[4]が求められる。

　第3は，「顧客"受益者"満足の創造」である。善意的な寄付者満足が従業員「スタッフ」満足，受益者満足，社会満足に繋がるように組織を取り巻く内外の環境変化に関する予測を立てるなどして，独自のグランドデザインを構築することである。

　顧客「受益者」のニーズやウォンツ，デザイアに適応させながら事業ミッションを具現化することである。ミッションマーケティングの原点は，顧客「受益者」ミッションからスタートすることである。

　第4は，「経営資源・サービス資源の調達」である。寄付者からの寄付金，政府からの補助金，会員からの会費，事業収益からの収益金（スタッフ等への分配は認められない），無償によるボランティアによる労働提供等々，組織への資金的吸引力をどのようにマーケティングしていくか，これはもっとも大き

なマーケティング的課題となる。

　第5は,「事業組織の活性化」にかかわるマーケティング活動である。組織が事業ミッションを基軸にして有効に機能するためには,理事長のリーダーシップを初め評議委員,その他のスタッフの全面的な協力関係を構築することである。自分がおかれたポジショニングをしっかりと見極め,ミッションの必達に向けて理事長の意思決定と同時進行で組織が機能する必要がある。いわゆるムリ・ムラ・ムダの排除である。

　第6は,「財務効率の充実と改善」にかかわるマーケティングである。いくらNPOといっても,誰でもがミッションを納得でき社会貢献できる価値ある崇高な理念に基づいていないと,資金提供者や支援者は現れない。いかに寄付金を初めとする組織の財務的吸引力を外に向けて発信し,多くの賛同を得られる受信者を確保できるかにかかっている。

　崇高で神聖で慈善に満ちあふれた理念→使命→組織→責任→貢献→成果→評価という一連のフローを循環サイクルとしていかにフィードバックさせるかである。これは一重に寄付金や補助金,会費などの有効活用いかんにかかっている。事業の成果・評価が問われるのである。

　第7は,「貢献意欲の増進」にかかわるマーケティング戦略である。貢献意欲は誘因・誘発要因との関係からミッションの内外に向けての浸透度や浸透作用との関わり合いが極めて大きく作用する。個人の犠牲が社会貢献によって報われるような貢献心や意欲を駆り立てる事業内容や献身的成果によって報われるものと考えられる。

　第8は,「マーケティング的成果」ミッションの必達および実現である。事業ミッションは成果を必達するために最上位に掲げられる。NPOの目的はいうまでもなく使命の達成であり成果に焦点を当てることなのである。

　一方,ドラッカーの非営利組織体におけるマーケティングマネジメントの進め方は,成果を生むためのプランニングとして,①使命→②目標→③目的→④行動ステップ→⑤予算→⑦承認というフローの循環サイクルで示されている(図表4-4)。

　ドラッカーは「使命は,非営利組織のプランニングにとって不可欠である。

図表 4-4　ドラッカーの成果を生むプランニング

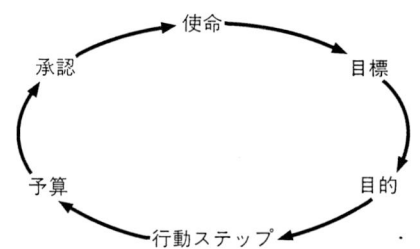

使命 → 目標 → 目的 → 行動ステップ → 予算 → 承認 → 使命（循環）

出所：P. F. ドラッカー編著，田中弥生訳『非営利組織の自己評価法』ダイヤモンド社，1998年，p.63。

どんな成果を生みたいのか？　という問いかけは使命が明らかであれば，答えは明白である。使命から目標までの流れは，望ましい組織の未来と方向を表す。目的は，詳細でかつ測定可能な成果のレベルを表す。行動ステップは詳細に計画された，各活動のことで，組織が財政面を含むその目的を達成するのに役立つ。この図では，一連の流れが循環しているが，それは評価が一度で終了するのではなく，継続するものであることを示す」[5]と論述している。

5　営利組織体マーケティングとの相違点

それでは，次に非営利組織体と営利組織体におけるマーケティングの相違点について述べていこう。

非営利組織体において，支持者や支援者，寄付者のよき意図，善意をマーケティング成果に結びつけるためには，①計画，②マーケティング（顧客「受益者・寄付者探しなど」），③人材（財），④金が必要になる。基本的には，限定的ではあるが，効率的なマーケティングを展開していくという意味において非営利組織体は，営利組織体のマーケティングを参考にする部分が多々あると思われる。しかしながら，次の点については十分にその違いを認識していく必要がある。

第1は，「事業ミッションの目的，性質，性格が異なる」ということである。企業は私的利益を確保するために企業ミッションを掲げる。これに対して

NPOは社会的使命を必達するために事業ミッションを掲げる。

つまり，目に見えないものを売るという点で企業ミッションの必達とは性格が異なる。使命達成には機会，能力，強固な信念の3つを持つことが大切である。

第2は，「私的利益・利潤を追求しない」ということである。NPOにおいては，収益事業が認められてはいるが，これはあくまでも再投資のためでありスタッフ等への利益分配は認められていない。収益事業においても1つのコンセプトや善意を売るという視点に立ちモノを売ることとは異なる。

第3は，「組織はあくまで非営利組織である」ということである。企業におけるCEOと同じように理事長のリーダーシップは要求されるが，あくまで使命を必達するための組織体であるということである。理事会は支援者・支持者のよき意図，善意を組織内外に浸透させ成果につなげるようリーダーシップを発揮しなければならない。

第4は，「顧客は受益者および資金提供者である」ということである。寄付者満足は，受益者満足，社会満足となって社会に貢献される。企業におけるステークホルダーの一要素としての顧客ではない。顧客である受益者，資金提供者である寄付者を探すための市場調査，セグメンテーション，サービス対象の絞り込み，自らのポジショニング，ニーズ対応のサービスの創造が必要になる。

第5は，「非市場志向である」ということである。企業は利益追求のために持続的競争優位性を維持して，市場シェアの確保を目指すが，NPOの事業ドメインは事業ミッションによってある程度限定されてくる。営利企業のように野放しという訳にはいかないというところがある。どのような事業領域で社会貢献活動を行うかである。

第6は，「対価は原則として無償である」ということである。企業においては貨幣と財との交換というかたちをとり有償であるが，NPOにおいては交換価値を要求しない。交換は善意の給付に対する満足というかたちでフィードバックされる。

第7は，「受益者との利害関係が存在しない」ということである。企業のよ

うに企業を取り巻くステークホルダーとの関係は複雑ではない。その理由は，受益者があらかじめ特定されている場合が多いからである。

第8は，「強力な資金吸引力を求められるマーケティング活動」ということである。どこに寄付をしてくれる顧客がいるか，金額はどのくらい，何時までに寄付されるのか，どのような貢献に対して寄付金が集まるのか，寄付してくれる資金提供者はなぜ提供してくれるのか，会員はどのくらい増加するか，また増加させなくてはならないか，政府の補助金はどのくらい拠出されるのかといった具合に，寄付金集めのためのマーケティング活動が必須の条件となる。

非営利組織体は，ミッションに共感・共鳴し参加したいという支持者・支援者・寄付者から資金の大部分を得ている。事業活動を通じて資金を提供してくれる支持者を創造しなければならない。マーケティングの必要たる所以である。募金に当たっては資金源を探し寄付してくれる動機を慎重に探る必要がある。

また，非営利組織体は寄付をしてくれる顧客を，マーケティングの成果を理解し受け入れられるよう教育する必要がある。マーケティング教育である。こうした賛同者のためにも理事会は，寄付金が寄付の目的に的確に適合し成果を生むように使われることを保証する役割を果たす必要がある。

第9は，「社会貢献の中身・内容・性質が違う」ということである。企業もNPOも社会貢献活動を行っている。しかしながら，利益を追求する企業と利益を追求しないNPOとでは，社会貢献の中身や性質が根本的に異なる。つまり，顧客「受益者」満足の中身が異なるのである。

では，次にこうした非営利組織体のマーケティングを行うに当たっての双方の相違点を十分に認識し，くみ取りながら，非営利組織体におけるマーケティング類型化への試みを企業におけるマーケティングと比較対比させながら多面的かつ多角的にみていくことにする。

［注］
　1）　伊藤賢次『現代経営学』晃洋書房，1997年，p.87。
　2）　P. F. ドラッカー，上田惇生訳，ダイヤモンド・ハーバード・ビジネス編集部編『P. F. ドラッカー経営論集』ダイヤモンド社，1998年，pp.89-92。
　3）　日本経団連企業行動憲章とは，次の10項目を指していう。

日本経団連企業行動憲章（1996年12月改正）

企業は，公正な競争を通じて利潤を追求するという経済的主体であると同時に，広く社会にとって有用な存在であることが求められている。そのため企業は，次の10原則に基づき，国の内外を問わず全ての法律，国際ルールおよびその精神を遵守するとともに社会的良識をもって行動する。

1. 社会的に有用な財，サービスを安全性に十分配慮して開発，提供する。
2. 公正，透明，自由な競争を行う。また，政治，行政との健全かつ正常な関係を保つ。
3. 株主はもとより，広く社会とのコミュニケーションを行い，企業情報を積極的かつ公正に開示する。
4. 環境問題への取り組みは企業の存在と活動に必須の要件であることを認識し，自主的，積極的に行動する。
5. 「良き企業市民」として，積極的に社会貢献活動を行う。
6. 従業員のゆとりと豊かさを実現し，安全で働きやすい環境を確保するとともに，従業員の人格，個性を尊重する。
7. 市民社会の秩序や安全に脅威を与える反社会的勢力および団体とは断固として対決する。
8. 海外においては，その文化や慣習を尊重し，現地の発展に貢献する経営を行う。
9. 経営トップは，本憲章の精神の実現が自らの役割であることを認識し，率先垂範の上，関係者への周知徹底と社内体制の整備を行うとともに，倫理観の涵養に努める。
10. 本憲章に反するような事態が発生したときには，経営トップ自ら問題解決にあたり，原因究明，再発防止に努める。また，会社への迅速かつ的確な情報公開を行うとともに，権限と責任を明確にした上，自らを含めて厳正な処分を行う。

出所：髙橋浩夫・大山泰一郎『現代企業経営学』同文舘出版，1999年，p.76。

4) マーケティングミックスとは，相乗効果の上がるマーケティングの効果的な組み合わせのことを指していう。企業においては，一般的にE.J.マッカーシーのマーケティングの4P（product, price, place, promotion）の効果的な組み合わせをいう。しかしながら，非営利組織や営利組織においては，経営資源の相乗効果の上がる組み合わせともいえる。

5) P. F. ドラッカー編著，田中弥生訳『非営利組織の自己評価法』ダイヤモンド社，1998年，p.63。

第5章
非営利組織体におけるマーケティングの類型化

1 経営資源とNPOマーケティングとの相関

　社会経済環境の変化に伴って，経営資源の概念も変化してきている。人，モノ，金，情報という概念に加えて，環境・立地・場所，文化，時間・空間，技術・ノウハウ，サービス，組織，行動といったようなファクターが加味されなければならない。

　こうした経営資源の概念は，営利組織体におけるマネジメントやマーケティング行動のみならず，非営利組織体におけるマーケティングマネジメント活動にも適用される。以下は，双方の組織体における経営資源のマーケティングマネジメント上の違いを比較対比したものである（図表5-1）[1]。

　双方を比較対比した方が，経営資源から見たマーケティングマネジメントと活動の有りようが理解しやすく，持てる経営資源の有効活用にも十分に役立つと考えたからである。経営資源の相乗効果の上がる組み合わせであるマーケティングミックスをいかに効果的ならしめるかが，マーケティング成果を大きく左右する。

　各項目ごとの詳細については，ここでは省略するので図表を比較対比してどの部分が大きく異なっているかを，十分に見極めて欲しいものである。この双方の認識の違いから非営利組織体のマーケティングの特徴をつかむとよい。

　第1の経営資源は人である。双方ともCEOのリーダーシップが重要なことは言うまでもない。人材は正しくは人財というようにとらえた方がよいと思われる。経営資源としての意味合いが後者の方が強いからである。とくに，公金，

図表 5 - 1　経営資源との相関

経営資源	営利組織体	非営利組織体
人	人材・人財（リーダーシップ）	人財（readership と高潔性）
モノ	製品・商品，ブランドなどモノプラス α のサービス価値充足	サービス施設および付加されるサービスなど。モノプラス α のサービス価値充足
金（カネ）	資本金，株式による出資など	寄付金，補助金，会費，事業収入，事業収益，資金調達力など
情　報	営利・金儲け情報（情報を制するものが市場を制する）	非営利サービス情報，受益者情報，資金提供情報など
環境・立地・場所	極めて左右される	営利組織体ほどではないがやや左右される
文　化	企業文化（corporate culture）	福祉文化（socialwelfare culture）
時間・空間	Time is Money（時は金なり）	時は金の概念ではない。サービスを取引で自己完結できないシステム（良心・良識・思いやり）
技術・ノウハウ	暮らしの提案サービスノウハウ，製品・商品・サービス企画，マネジメント＆マーケティング技術・能力	各種サービス提供技術ノウハウ，マネジメント＆マーケティング技術・能力
サービス	有形・無形・有償のサービス	有形・無形・無償・有償（収益事業）のサービス
組　織	営利組織（成果主義・利益・利潤の実現）	非営利組織（成果主義・社会的使命：ミッションの必達）
行　動	取締役会，代表取締役：経営（執行責任）者の意思決定	理事会，評議委員会，理事長の意思決定，事業遂行責任者

寄付金などを取扱うことから非営利組織体における理事長を初めとする評議委員，スタッフの高潔性が求められる。

　第2の経営資源はモノである。営利組織においてはブランド商品の有無とブランドロイヤルティー（brand royality）が勝敗を大きく左右する。したがって，双方ともモノの価値充足志向の考え方が大切である。それと同時にモノプラス α のサービスの価値充足という概念を忘れないことである。NPOは労働集約的なサービス業的性格が強いのでこうした点に十分に配慮した施設サービスや人的サービスを行う必要がある。

　第3の経営資源は金である。企業における金は株主の出資というかたちで投

資される。NPO においては，支持者・支援者・寄付者などによる寄付金，政府からの補助金，会員からの会費，収益事業による収益金などで賄われる。しかし，収益金の分配は禁止されている。必ず事業に再投資されなければならない。

　第4の経営資源は情報である。「情報を制するものが市場を制する」といわれるように，企業においては情報は利益を生む資源となる。しかしながら，NPO においては受益者である顧客を満足させ，使命を必達するために必要な情報源をいかに収集するかということになる。また，NPO 活動の情報を受発信しやすい環境立地のほうが支持者や支援者・寄付者を集めやすいことはいうまでもない。

　第5の経営資源は環境・立地・場所である。特に商業やサービス業は立地産業であるとよくいわれる。NPO においても受益者満足に繋がるような，経営環境や支援者・支持者・寄付者が近いところに存立している方がベターである。

　第6は文化である。文化とは人間が創り出した概念である。企業文化（corporate culture），福祉文化（socialwelfare culture），NPO 文化といった概念が考えられる。文化とは人間が自然に働きかける過程において創り出した物質的・精神的所得の総称をいう。物質的な所得概念を文明というのに対して，精神的な所得（学問・芸術・道徳・宗教など）を文化といって区別している。文化とは人間行動の規範とか根幹をなす概念である。NPO が目的とするミッションとも大いに関係がある。

　第7の経営資源は時間・空間である。ドラッカーは，著作のなかで時間こそ経営資源の最たるものであるといっている。マネジメントにおいて時間は金であり，時間のロスは金のロスに繋がる。しかしながら，NPO における時間・空間の概念はやや異なる。NPO における時は金の概念ではなく，よき意図，よき使命，よきサービスを取引，時間・空間概念で自己完結できないシステムであると考えられる。良心，善意，思いやり，良識は普遍なのである。

　第8の経営資源は技術・ノウハウである。企業においても NPO においても，付加価値を生む技術・ノウハウの考え方は大切である。マネジメント能力という技術は双方に共通する資源であり，顧客満足・受益者満足を図るという点に

おいても共通する概念である。

第9の経営資源はサービスである。NPOはサービスマーケティングの概念を適用する必要がある。労働集約的な慈善的サービス行為・行動がその中心となるからである。モノの価値よりもサービスの価値を優先させるのが，NPOのマーケティングである。サービスには有償のサービスと無償のサービスがある。NPOにおけるサービスの主体は後者である。

第10の経営資源は組織資源である。双方とも組織は1人では機能しない。1人では組織は成立しないのである。組織集団におけるミッションをいかに組織内外に浸透させるか，組織文化（organization culture）や組織学習（organization lerning）の重要性がここに存在する。

第11の経営資源は行動資源である。いかに立派なミッションであっても，これを経営理念に次ぐ最上位に掲げて，行動に移すことができなければ，組織は機能しないし顧客満足，受益者満足を構築することはできない。CEOである最高経営責任者（代表取締役会長および理事長など）の経営意思・思いの実行および必達が伴って初めて成果を上げることができる。

2　マーケティングの4Pとの相関

次は，マッカーシーによるマーケティングの4Pからの相関である。必ずしも4PとNPOのマーケティング概念が重なり合う部分がないともいえないので，あえてここに取り上げてみた。これは図表5-2の通りである[2]。

第1はプロダクト，つまり製品・商品・サービスの中身である。企業においては，ブランド商品の有無が売上高を大きく左右するが，NPOにおけるそれは，無形のサービス労働である。有形財よりも無形財の占める割合・比重が大きい。

第2は価格である。企業における価格は需要と供給とのバランスで決まるが，NPOのそれは成立しない。無償提供だからである。しかしながら，機会コスト・機会費用という認識が大切である。

第3はチャネルである。企業においては販売経路を指すが，NPOにおいて

図表 5-2　マーケティングの 4 P との相関

4 P＼組織	営利組織体	非営利組織体
製　品	有形財および無形財（サービス）	有形財および無形財（サービス）
価　格	有償	無償（機会費用としての認識をもつ）
チャネル（環境・立地・場所）	複雑化・多様化（簡素化のきざし）	多様化（営利組織ほどではない）
プロモーション	広告宣伝，SP，人的販売，広報活動など	広報活動などによる社会貢献や資金的吸引力の PR 活動など

はサービス提供場所およびサービス環境というようにとらえることができる。無償のサービスを提供してくれる支持者や支援者，寄付者が近くに居るくらいありがたいことはない。

　第 4 はプロモーションである。双方ともプロモーション活動は大切である。企業は利益を上げるためのプロモーションに力を注ぐであろうし，NPO は使命を必達するための原資や社会貢献度情報の発信のための広報活動などが必要になる。

3　十字チャートによる SWOT 分析との相関

　この十字チャートによる SWOT 分析の手法は，営利組織体である企業の市場への新規参入への戦略としてよく用いられる。非営利組織体においては非市場志向なので，企業のような市場シェアのアップによる競争原理主義は機能しないまでも，事業活動領域のドメインを決定する時などには十分に活用できる手法である。

　SWOT 分析は事業体の内部的な強みと弱み，外部的な強みと弱みを比較分析することにより，マーケティング戦略の再構築を図る手法としてよく用いられる（図表 5-3）。S：strengths（内部的な強み），W：weaknesses（内部的な弱み），O：opportunities（外部的な強み・機会），T：threats（外部的な脅威）をそれぞれ表している[3]。

　他の NPO と事業領域やサービスの内容などがバッティングするようなケー

図表 5-3　十字チャートによる SWOT 分析

・生活者ニーズの個性化，多様化，ファッション化　・健康志向の高まり　・環境に優しい企業経営　・顧客への優しさ追求　・同業態店の少なさ	・小規模家族化　・少子化　・個食化　・同業小売店の参入　・有職主婦の増加　・大手同業態新規参入の可能性
機会（O）	脅威（T）
強み（S）	弱み（W）
・独自の仕入れルート保有　・素材の品揃え充実　・強烈な店舗コンセプトと顧客満足　・最少在庫の実現　・パートの中退金加入　・熱狂的なファン	・従業員の商品知識不足　・経験主義の経営　・中期経営計画の不在　・人事交流の欠如　・自己資本希薄　・人材の育成　・情報化対応の遅れ

スも十分に考えられるので，こうした際の判断材料として活用するとよい。例えば，まちづくりの推進を図る活動を事業領域とする場合，競合する他のNPOがコミュニティービジネス（community business）を展開していないようなケースでは，当該NPOはこうしたビジネスへの展開を試みることによって差別化が図れる。これが外部的な強みであり機会である。

　この図表は企業におけるケースであるが手法はNPOにおいても十分に有効活用するに値する。

4　アンゾフの市場戦略マトリックスとの相関

　次は，アンゾフ（H. I. Ansoff）の市場戦略マトリックスからの応用である。この市場戦略図は，縦軸および横軸に相関する概念をそれぞれとって，その相関関係から具体的な戦略を構築するという戦略的手法をいう。

　図表 5-4 のケースは，縦軸に顧客「受益者」をまた横軸に使命をとって，その相関関係から4つのマーケティング類型化を試みたものである。具体的なパターンは次のようになる[4]。

　［Ⅰ］　使命（寄付者・支援者）浸透，拡大型マーケティング→この象限は現使命の浸透および現使命の拡大をより一層進めていくことによって，顧客「受益者」満足に応えていこうというマーケティング戦略である。

図表 5-4　アンゾフの市場戦略マトリックスによる類型化

受益者＼使命	使命（寄付者・支援者によるサービス供与）現	（製品）新
現	使命（サービス）浸透 使命（サービス）拡大 ［Ⅰ］	使命（サービス）開発 ［Ⅱ］
新	［Ⅲ］ 受益者開発 （利用者開発）	［Ⅳ］ 多角化 （多様化）

（受益者・利用者）　（市場）

［Ⅱ］　使命（寄付者・支援者）開発型マーケティング→この象限は寄付者や支援者の支えによって事業ミッション「使命」を開発していくことによって，顧客「受益者」満足に応えていこうというマーケティング戦略である。

［Ⅲ］　受益者開発型マーケティング→この象限はサービスの供与を顧客「受益者・利用者」開発，つまり誰に積極的に展開していくかをリサーチしていくかを見極めるマーケティング戦略である。

［Ⅳ］　（寄付者・支援者・受益者）多角化・多様化マーケティング→この象限は事業体のミッション「使命」および顧客「受益者・利用者」の相関から，事業領域を多角化・多様化していこうというマーケティング戦略である。

5　ボストンコンサルティングのPPMとの相関

　次は，ボストンコンサルティンググループが発案したPPM（product portfolio management）というマーケティング戦略手法の応用である。やはり，アンゾフの市場戦略マトリックスと同様に，縦軸にミッションの浸透度を，横

図表 5 - 5　ミッションの浸透度と顧客「受益者」サービス満足の相関

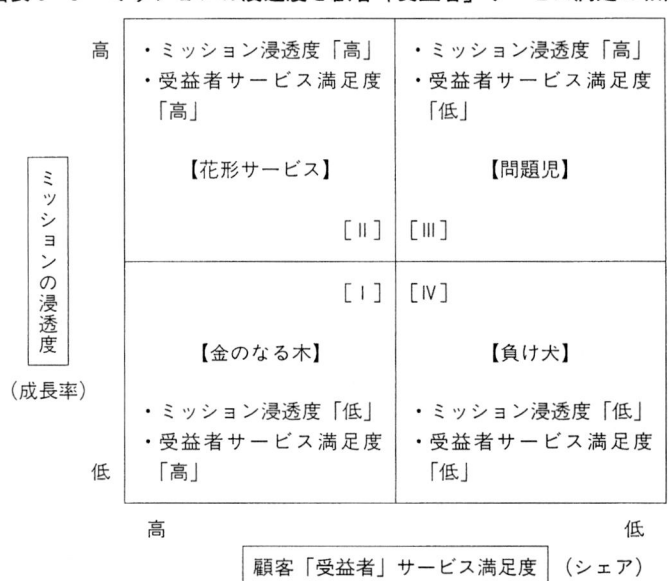

	顧客「受益者」サービス満足度（シェア）	
	高	低
ミッションの浸透度（成長率）　高	・ミッション浸透度「高」 ・受益者サービス満足度「高」 【花形サービス】 [II]	・ミッション浸透度「高」 ・受益者サービス満足度「低」 【問題児】 [III]
ミッションの浸透度（成長率）　低	[I] 【金のなる木】 ・ミッション浸透度「低」 ・受益者サービス満足度「高」	[IV] 【負け犬】 ・ミッション浸透度「低」 ・受益者サービス満足度「低」

軸に受益者サービスの満足度をとって，双方の相関から 4 象限のマーケティング戦略を展開していこうという戦略図である（図表 5 - 5）[5]。この図から非営利組織体におけるマーケティングの 4 つが類型化できる。

　[I]　ミッション浸透度「低」・顧客：受益者サービス満足度「高」型マーケティング→この象限はミッションの浸透度は低いが，顧客「受益者」サービス満足度は高いというマーケティング戦略である。

　[II]　ミッション浸透度「高」・顧客：受益者サービス満足度「高」型マーケティング→この象限はミッションの浸透度および顧客「受益者」サービス満足度ともに高いという最も理想的なマーケティング戦略である。

　[III]　ミッション浸透度「高」・顧客：受益者サービス満足度「低」型マーケティング→この象限はミッションの浸透度は高いが，顧客「受益者」サービス満足度は低いというマーケティング戦略である。

　[IV]　ミッション浸透度「低」・顧客：受益者サービス満足度「低」型マーケティング→この象限はミッションの浸透度および顧客「受益者」サービ

ス満足度ともに低いという最も悪いマーケティング戦略である。

6 資金源および支配形態によるマーケティング分類

次は，資金源および支配形態からみた非営利組織体のマーケティング類型化への試みである。十字チャートの応用により縦軸に資金源，横軸に支配形態をそれぞれとって，マーケティングへの類型化を試みたものである。

具体的に見ると，縦軸の資金源は寄付などに依存する寄付的行為および使用者料金などに依存する商業的行為に二分され，横軸の支配形態は後継者などによって支配される相互的行為および専門家によって支配される企業家的行為に二分される。各々の象限にどのようなNPOが該当するかは，図表5-6の通

図表5-6 資金源および経営支配形態によるNPOの分類

```
                    ┌──────────────┐
                    │   寄 付 的    │
                    │ (寄付などに依存する)│
                    └──────────────┘
・政治クラブ              ・赤十字社，米国援助物資発送協会，
  全米ライフル協会          救世軍
・多くのプロテスタント教会  ・シエラクラブ全米オーデュボン協会
                          ・付属病院
                          ・交響楽団
┌──────────┐          ・大学  ・美術館      ┌──────────┐
│  相 互 的  │                                │  企業家的  │
│(後継者によって支配├──────────────────────────┤(専門家によって支配│
│  される)   │                                │  される)   │
└──────────┘                                └──────────┘
・米国マーケティング協会   ・宗教関係書店
・非営利的カントリークラブ ・コミュニティー病院

                    ┌──────────────┐
                    │   商 業 的   │
                    │(使用者料金に依存する)│
                    └──────────────┘
```

出所：C. H. Lovelock & C. B. Weinberg, *Public and Nonprofit Marketing*, 2nd ed, Scientific Press, 1989.（渡辺好章・梅沢昌太郎監訳『公共・非営利のマーケティング』白桃書房，1991年）この図表を基礎にして，河口弘雄氏は奥林康司・稲葉元吉・貫隆夫編著『NPOと経営学』（中央経済社，2002年）p.130で論究している。

りである[6]。

7　NPOにおけるマーケティング類型化

以上，いままで多角的かつ多面的に非営利組織体のマーケティング類型化への試みを行ってきたが，こうした経過から河口弘雄「NPO経営学の構築／マーケティングを中心にして」[7]を参考引用し，筆者がこれに大幅に加筆・修正を加えて，NPOにおけるマーケティング類型化を試みたのが図表5-7である[8]。

河口氏は同書においてNPOのマーケティング上の分類を3つのパターンに

図表5-7　NPOのマーケティング分類

	短期サービス型マーケティング（サービスの供給・性質）成果実現が比較的短期		
NPO型マーケティング 寄付金型＝資金源	◇災害ボランティア型[例]・災害救援団体・医療救援団体・市民運動，ボランティア・教会など	◇公共施設型[例]・病院　・大学・動物園・美術館・芸術文化団体など	企業型マーケティング 事業収益・収入型＝資金源
	◇NGO型[例]・発展途上国開発援助団体・自然，動物保護団体・アドボカシー団体・環境保護団体・難民救助など	◇行政補完型[例]・老人福祉／介護・私立学校・社会教育・社会福祉法人など	
	成果実現が比較的長期（サービスの供給・性質）長期サービス型マーケティング		

出所：奥林康司・稲葉元吉・貫隆夫編著『NPOと経営学』中央経済社，2002年，p.131（河口弘雄稿）を筆者が大幅に加筆，加工修正した。

類型化しており，具体的で分かりやすく図式化して論究しているので筆者も大いに参考になった。ぜひとも同書をお薦めしたい。したがって，河口氏の類型化への試みに意見を同じくするものであるが，前掲書に論述されている氏の幾つかの分類を一覧表にして分かりやすく大幅に加筆・修正を試みた。

　この図表は，アンゾフのマトリックスおよびPPMの応用である。まず，横軸に資金源である資金源泉軸を「寄付金型」および「事業収益・収入型」でとる。これに対して，縦軸に成果実現の長短をとり「成果実現が比較的短期」および「成果実現が比較的長期」をとる。

　この縦横軸の相関マトリックスから4つの象限，つまりNPOの事業類型化が可能になる。第1象限は「災害ボランティア型」，第2象限は「NGO型」，そして第3象限は「公共施設型」，第4象限は「行政補完型」となる。そしてそれぞれの象限をくくって，

　［1］　NPO型マーケティング
　［2］　短期サービス型マーケティング
　［3］　長期サービス型マーケティング
　［4］　企業型マーケティング

と命名している（名称は筆者が加筆・修正をしたものである）。

　一般的に，事業収入・収益事業など対価の得られる事業を推進していくと，NPOは企業に近づき，社会的使命であるミッションを重視していく企業はNPOに近づくものと考えられる。まちづくりや環境事業・エコ事業をテーマにしたコミュニティービジネスが芽生えてくるのはこうした背景があるからである。

　コミュニティービジネスとは，地域の環境と人・モノ・金・情報などの資源を活用し，地域社会の再生や発展を目指して行われる事業である。株式会社や有限会社といった営利組織や生活協同組合のような形態で行われることも多いが，NPO法が実現したことにより今後NPO法人を活用する可能性も大いにある。

　成熟社会になって何らかの価値や社会的使命であるミッションにこだわりを持ち，それを実現する範囲において，可能な収益をも追求するというNPOと

も企業とも見分けがつかないような事業が重要な役割を果たすようになってくる。つまり、「こだわり事業」の実現である。環境にこだわるエコ事業、芸術にこだわるアート事業、人間性の尊重や人権にこだわるヒューマン事業、地域文化にこだわるカルチャー事業といった具合である。

このように、いろいろな相関図を使用し縦軸および横軸にいかなるキーワード・キーコンセプトをとるかによって、非営利組織体におけるマーケティング類型化への試みを考察してきた。どの類型化が最も妥当であるかの判断はいちがいに言えない。

大切なことは、ありとあらゆるマーケティング類型化への試みを行うことによって、非営利組織体の使命であるミッションがいかに有効に機能するか、そして受益者満足・利用者満足・顧客満足を必達させることができるかを見極めることである。

[注]
1) 三宅隆之「非営利組織体におけるマーケティング類型化への試み」日本経営診断学会、プロゼクト研究『非営利組織の経営診断』2002年。
2) 同上書。
3) 三宅隆之『社会的使命のマーケティング』中央経済社、2003年、p.132。
4) 三宅「非営利組織体におけるマーケティング類型化への試み」前掲書。
5) 同上書。
6) 同上書。
7) 河口弘雄「NPOの経営学の構築／マーケティングを中心にして」奥林康司・稲葉元吉・貫隆夫編著『NPOと経営学』中央経済社、2002年、p.131。
8) 三宅「非営利組織体におけるマーケティング類型化への試み」前掲書。

第6章
非営利組織体の形態別マーケティングⅠ

1 財団法人のマーケティング戦略

1 財団のミッションおよび貢献の思想

㈶M市福祉公社の基本理念・ミッションは,「住みなれた街。住みなれた家。心のかよった友。長年つちかわれてきた生活を大切にしながら,ゆとりある豊かな老後を創造したい……そんな皆様の願いをM福祉公社がお手伝いします」という内容になっている。

福祉公社とは,朝日新聞社発行『朝日現代用語知恵蔵』1995年版によれば,「高齢者及びその家庭に必要な在宅福祉サービスを行うために,地域住民の自主的な協力を前提とした取り組みを組織化した公社。行政関与型在宅福祉サービス供給組織の一種。その最初は東京・武蔵野市で先駆的に行われたが,近年都市部を中心に増加している。1989年に福祉関係審議会合同企画分科会は"今後の社会福祉のあり方について"という意見具申のなかで,多様な在宅福祉サービスの供給組織の1つとして,その発展を図る必要があるとして,公益法人化を行うことを提言し,これを受けて89年に東京・武蔵野市福祉公社や東京・世田谷区福祉公社などは財団法人化された。91年12月に全国福祉公社連絡協議会が発足した。93年12月現在で46団体が設立されている」とある。

ここに紹介するM市福祉公社は,1989(平成元)年3月にわが国で最初に財団法人の許可を受け有償在宅福祉サービス事業をスタートさせた。高齢者の総合相談,K町高齢者センターや高齢者総合センターなどの管理運営,生き甲斐と健康づくり事業,啓発啓蒙普及や調査研究開発事業などを行っており,健や

かに自立した生活が送れるように，地域社会のなかで最も身近な「共に生きる暮らしのパートナー」として活用されている。

2　有償在宅福祉を柱に使命を達成

　M市福祉公社の事業内容は，次のようになっている。①有償在宅福祉サービス事業（有償在宅福祉サービス，移送サービス，福祉資金サービス），②市民シルバー助け合い事業（高齢者総合相談事業，高齢者・障害者トータルケア事業，緊急時入院医療費の助成事業），③福祉施設の管理運営受託事業（K町高齢者センター，高齢者総合センター，ホームヘルプセンターM），④啓発普及事業，⑤調査研究事業，⑥生き甲斐と健康づくり推進事業の6事業である。

　ここに挙げる「有償在宅福祉サービス」には，日常生活や健康管理などの相談に応じる「基本サービス」と家事援助・家事介護，昼食や夕食などの食事サービスなどを必要に応じて利用する「個別サービス」がある。なお，家事・介護サービスに当たっては，福祉公社に登録をした協力員であるソーシャルワーカー（social worker [1]：社会事業家・民生委員）などによって行われる。価格は1時間850円である。

　なお，「有償在宅福祉サービス」の基本サービス料金は月額1万円となっており，全ての利用者が利用できることとなっている。基本サービスは，前述したように福祉公社に登録されたソーシャルワーカーによる訪問，看護師の訪問，緊急時の対応，専門スタッフの相談などが受けられるシステムになっている。その他のサービスとしては，訪問リハビリテーション，財産保全サービスなどを行っている。

　なお，有償在宅福祉事業の中の福祉資金サービスは，M市が「M市福祉資金貸付条例」に基づいて，利用者の不動産を担保にし必要な資金を貸付ける事業である。貸付の対象は，福祉公社の行う有償在宅福祉サービスに要する費用および生活費，医療費，住宅改良費などであり，担保となる不動産の評価額限度内で貸付を受けることができる。いわば，資産を活用した有償在宅サービスである。これはM方式による高齢化社会への対応として注目されている事業である。

3　走る福祉のネットワークづくり

　また，最近注目されているサービスに高齢者の外出支援の一環として福祉車両による移送サービス事業がある。これは福祉タクシーということで運輸省（現国土交通省）から許可を受けており，行政が援助して移送の実費を頂くというサービスである。いわば，「走る福祉のネットワークづくり」である。

　現在ボランティアの申し出による65歳までの運転手が36名おり，車は5台であるが3台増やして8台にする予定である。車種は後部座席回転式3台（車椅子折り畳み収納），手動スロープ設置式2台（車椅子乗車のまま固定式）である。

　日本自動車工業会の福祉車両の市場動向によると，この福祉車両は高齢化を追い風に本田技研を初め，マツダ，ダイハツ，スズキ，ヤナセ，日産，三菱，トヨタ等1999年度の福祉車両の販売台数は2万4311台と対前年比約5割の伸びを示している。

　利用者は現在116名ほどいる。利用時間30分につき800円であり，30分増加するごとに600円が加算される。利用者は約70％が病院への通院やリハビリ関連であるという。もちろん，買い物等にも利用されている。なお，事故等に備えて移送サービス利用者障害保険に入っており，福祉公社が責任を持って対処できる体制を整えている。

　あらかじめ予約日時を決めて，運営管理は5名の管理者に委任しており，障害者の心理や警察の安全運転管理などの講習会を行ってフォローしている。1日平均5台で15件ほどの運行サービスがあるという。ただし，日曜日は運行しない。運行マニュアルを作成するなど手の入れようはきめ細かい。商店主と障害者の接点になればよいという地域社会に密着した新たなるサービス開発に余念がない。

4　リレーションシップマーケティングの展開

　M市福祉公社のミッションマネジメントの特徴は，福祉公社と地域住民の自主的取り組みによる協力者と利用者の三者が「共に生きる暮らしのパートナー」をキーコンセプトにして一体となり，互いに情報交換を行い地域密着型の

在宅福祉サービス事業を初めとする諸々の福祉サービス事業を展開していることである。いわゆる，地域社会における「福祉サービスのネットワークシステム」を作り上げたという実績である。

もちろん，その裏には運営管理を行っている公社職員の"仕事ぶり"および仕事ぶりに対する業績・評価を忘れてはならない。私益を目的とせず，使命を目的にして朝な夕なミッション・社会的使命に燃えて真摯に取り組んでいる活動を無視するわけにはいかない。

つまり，「住みなれた街。住みなれた家。心のかよった友」を合い言葉に地域社会における"福祉のネットワーク"を張り巡らした三者の相互扶助の精神[2]，つまりミッションを貫き通しているところに大きな意義がある。こうした福祉サービスを全国に先駆けていち早く取り組んだ意義は極めて大きいものがある。

M市福祉公社の福祉・マーケティングへの取り組みの特徴は，地域住民の福祉への自主的協力による取り組み姿勢およびその後押しをする福祉公社とその利用者との関係性，つまり「顧客関係性マーケティング，ワントゥーワンマーケティング (customer relationship marketing & one to one marketing)[3]」が非常にうまく機能しているということである。

ここにいうリレーションシップマーケティングやワントゥーワンマーケティングという概念は何も会社・企業などの営利組織体だけのものではない。非営利法人や非営利組織体にも十分に当てはまる。要は営利組織，非営利組織を問わずいかに福祉・公益型のマーケティングによる"成果"がでたかということである。

マネジメントやマーケティングは，福祉・公益という概念で捉える必要性がでてきたのである。M市公社の福祉車両による移送サービス等への試みは時代を先取りするマーケティング的行為・行動といえるだろう。

2　公益法人のマーケティング戦略

1　NPO法人のマーケティング戦略

　個人的な善意や奉仕活動を行っているいわゆる法人化していない任意ボランティアは多い。目に見えない社会慈善事業に対する社会的関心が高まって，阪神淡路大震災以降，急速に増加していったという経緯がある。こうした任意のボランティアにおけるマーケティング活動はどのように行っていったらよいのだろうか。

　第1は，例えばまちづくりなどに関するNPO活動であれば，騒音・公害・自然環境の保全や歩行の安全，高齢者や障害者に優しいまちづくりなど任意のまちづくり学習会の存在を，商店街や自治会，婦人会，青年部といった地域社会に広報誌や口コミなどを通じて広くアピールし，地域社会全体の問題として行政などにも働きかけるという努力をする。

　そして，活動内容や成果を会報や広報誌を通じて広く一般市民や行政にアピールし，行政を巻き込んだ市民運動に発展させていくことが大切である。経営者や消費者の会を結成しいかにして利害関係を調整していくか，まちづくりという観点から行政ともリンクしており，学習会を発展させ多くの賛同者を得てNPO法人[4]化への足がかりをつけることである。一気に法人化に踏み切るよりは，段階的に進めた方が成功率が高い。緊急課題的な諸問題であれば，署名運動などを通じて問題解決の糸口が見つからないとも限らない。

　第2は，NPO法人化による真の非営利組織体への組織変更である。正規の法人格をとって広く深く公益法人としての認証を受ける必要がある。そのためにはきちんとした事業計画を策定しなければならない。東京都の場合は生活文化局コミュニティー文化部振興計画課（TEL 03-5388-3095）がNPO法人のガイドブックを発行しており380円で購入できる。

　認証を受けるための主な必要書類は，設立趣旨書，定款，役員名簿，役員就任承諾書，役員宣誓書，役員のうち報酬を受ける者の名簿，事業計画書，設立当初の事業年度を記載した書面，財産目録，収支予算書，団体確認書，設立者

名簿，社員のうち10名以上の者の名簿，設立総会（創立総会）議事録，設立認証申請書などであり，所轄都道府県知事に提出して認証を受ける。

　認証されたら認証受領日後2週間以内に所轄の法務局に法人登記をして正式にNPO法人となる。法人として設立後，関係官庁に「設立登記完了届出」を提出し，有給職員を雇用した場合や収益事業を開始したときには所轄の税務署にも所定の手続きをしなければならない。

　法人要件のポイントは，NPO促進法の17分野に該当するか，不特定多数の者の利益増進に寄与することを目的としているか，営利を目的としていないか，宗教や政治活動を目的としていないか，特定の政党や候補者の支援団体ではないか，特定の個人または法人や団体の利益を目的としていないか，特定の政党のために利用していないか，NPOに関わる事業に支障が生じるほどの収益事業をしていないか（収益事業を行った場合には収益はNPO活動に充てる），暴力団やその関連団体ではないか，社員（総会で議決権を有する者）の資格に不当な条件をつけていないか，社員（正会員）が10名以上集まるか，役員（理事・監事）総数のうち報酬を受ける者の数は3分の1以下か，役員として理事3名以上，監事1名以上いるか，役員は禁治産者または準禁治産者など欠格事由に該当しないか，役員に親族はいないか（役員6名いれば2名までは可能），理事または監事はそれぞれの定数の3分の2以上か，会計はNPO法に規定する会計原則を遵守しているか，といった項目をクリアしていなければならない。

　任意組織体としてのNPO活動は，マネジメントおよびマーケティングにおいても限度がある。NPO法人として認証され設立されるということは，立派な社会的使命を保有し事業活動を通じて，社会貢献しようという目的意識がはっきりしており政府からの補助金や会費収入，寄付金を集めやすいという利点がある。マネジメント活動やマーケティング活動がやりやすいのである。

　そしてマーケティング活動をより強固なものにするためには，NPO活動の成果を情報公開し，受益者を初め広く世に社会貢献をした実績を明らかにすることである。実績を第三者や受益者，市民・住民が評価して初めて次のマーケティングが可能になる。

　実績が評価され，賛同者が増えれば寄付者や会員が増大し事業運営に余裕が

でてきて，さらによりよい活動をしていこうという機運が生まれるのである。そのためには，NPOが社会的評価を受けるような高潔でよい仕事をしなければならない。正規の職員はもとより理事者や評議委員の仕事ぶりが評価される。

NPO法人の代表的な例としてNPO活動の本家本元である，特定非営利活動法人日本NPOセンターがある。2000年6月現在の組織は，代表理事1名，副代表理事1名，常務理事2名，理事9名，監事2名となっており，東京都渋谷区恵比寿にセンターを設置している（センター発行のパンフレットによる）。

組織は，会員（社員）を基礎にして評議委員会→理事会，企画運営委員会→事務局（総務部門・企画部門）がある。企画部門は企画運営委員会によって構成されており，①情報事業，②コンサルテーション・コーディネーション事業，③ネットワーキング事業，④交流・研修事業，⑤調査・研究事業などの事業を行っている。

① 情報事業

主要な情報を収集あるいは自主的に登録し，それらを公開し必要な情報を発信する。機関誌である「NPOのひろば」の発行，英文季刊誌の発行，NPO関係団体の情報のストックおよびその閲覧などを行っている。

② コンサルテーション・コーディネーション事業

NPO活動の向上に必要な「相談・助言」と「関係組織の紹介・調整」を行っている。特に「NPOなんでも相談日」の開設，その他の日常的な相談の対応に当たっている。

③ ネットワーキング事業

関係者や関連組織などとの情報交換を密にし，相互の連携を深め強力を促進している。具体的には，会員サロンの開催，講座「聴くシリーズ」の開催，トピックス講座の開催などを行っている。

④ 交流・研修事業

交流や研修のためのフォーラム等の開催，特に地域や分野やセクターを越えた交流の機会を創ることに重点をおいている。具体的には，NPOフォーラム（全国集会）の開催，各種講座の開催，支援センタースタッフの特別研修会の実施，講師派遣，外部研修事業への協力などを行っている。

⑤ 調査・研究事業

　NPO の基盤強化に必要な調査研究を外部専門家や大学・研究機関とも協力して行い問題提起や政策提言を行っている。具体的には，NPO の基盤強化に関連する自主研究の実施，各種の調査・研究の受託などである。

　設立は，1996年11月22日に幅広い関係者の協力によって，NPO 全体の発展に寄与することを目的として，1999年6月1日に特定非営利活動法人になった。このセンターは，民間非営利セクターに関するインフラストラクチュア・オーガニゼーション（基盤的組織）として，NPO の社会的基盤の強化を図り，市民社会づくりの共同責任者としての企業や行政との新しいパートナーシップの確立を目指している。会員の種類は個人会員，団体会員（NPO・行政など・企業など），準会員（個人・団体）となっている。

　なお，図表6‐1は，NPO 法人 S ベンチャーネットワークの設立趣意書および事業計画書である。

　なお，最近の動きとして公益法人（社団・財団法人）等とともに NPO 法人（特定非営利活動法人）を「非営利法人」にし原則課税する方針を，政府の公益法人制度等改革大綱を定めて実施する方針を打ち出しているのが注目される。

　市民の寄付や会費で活動している NPO 法人への課税はおかしいという意見も出ており，NPO の社会貢献性を軽視しているという非難の声も挙がっている。税務当局が介護保険実施後，助け合い活動についても「役務提供に対する対価を得ているので収益事業の請負業に当たる」として課税したケースもあるという（2003年3月1日「毎日新聞」朝刊）。

　2002年8月に，NPO 法人「流山ユー・アイネット」（千葉県流山市）は余剰金に対する法人税の課税を不服として取り消し訴訟を起こし現在係争中であると，同新聞はコメントしている。

　いうまでもなく，公益法人は，民法34条によって設立される法人で，営利ではなく宗教，慈善，学術などの公益事業を目的とする。総数は全国で約2万6000にも及び，日本相撲協会などの財団法人と，日本赤十字社などの社団法人の2つの形態がある。法人税法上，物品販売や出版など33の収益事業に限って課税されるが，営利企業に比べて税率は軽減されている。

図表6-1　設立趣意書（参考例）

設　立　趣　意　書

　S区をはじめとしてこれからの日本の各地域においては，地域の情報産業の集積をお互い進めつつ，人々の暮らしを豊かにする情報産業都市作りが不可欠となっています。

　そして，情報産業都市作りのためには情報産業の育成や集積が重要となりますが，残念なことに，これらの創業を計画している個人や創業間もない企業といったアーリーステージ期にある企業に対しての行政や金融機関等による支援は，リスクが高い等を理由に自ずと限界があるのが現実となっています。このような企業には，販路開拓・拡大，経営情報入手，経理・採用及び資金の調達等様々な悩みがあり，それを解決できないが故，発展する機会を失う企業も少なくありません。さらには新たな飛躍の機会があったとしても，拡大するための隘路を考えると現状の規模に断念せざるを得ないという傾向も起っています。

　また一方では，技術・資金及び専門的知識等の経営資源を持っている人々の中には，自分自身がリスクを負って創業したり，フルタイムで企業経営を行わない方法で自分が持つ技術や資金等を生かせないか，と考える人もおります。そのような人々においては，自分が所属している組織では行わないような先端的な取り組みやLINUX（世界中の専門家によってボランティア的に開発されたコンピュータOS）等のオープン思想の普及をボランティア的に行い，広く日本国内や世界に向けて貢献したいと考える人も多くなっていると思われます。

　私どもはこのような現状認識に立ち，新産業の重要な担い手である情報産業関連を中心に，ベンチャー企業及びエンジェル（協力者・支援者）同士の連絡，交流，支援の場の提供を，行政でもなく企業でもない立場で行いたい，と考えました。そして，今後の諸事業の遂行上，特定非営利活動法人の形で法人格を取得することにより，社会的にも責任のある組織として，会員相互の協力及びネットワークを利用した社会教育，産業と環境が調和したまちづくりの推進，地域文化の振興，ネットワークコミュニティの健全な発展のための啓発・普及などの活動を行い，地域社会全体の利益に貢献したいと考えております。

　以上述べましたように，私ども有志は，創業を計画している個人や創業間もない企業と支援者が一体となって社会に貢献できる支援組織をボランティアベースで行っていきたいと考え，ここに「特定非営利活動法人　Sベンチャーネットワーク」を設立いたします。

平成12年6月6日

　　　　　　　　　　　特定非営利活動法人　Sベンチャーネットワーク
　　　　　　　　　　　設立（代表）者
　　　　　　　　　　　住　所
　　　　　　　　　　　氏　名　　　　　㊞

出所：ムクダス編集部編『図解超かんたん会社設立の段取り』中経出版，2002年，p.95。

図表6-2　平成12年度事業計画書（抜粋）

平成12年度事業計画書

成立の日から平成13年6月30日まで
特定非営利活動法人　Sベンチャーネットワーク

1　事業実施の方針
 (1) 事業内容
　この法人の事業は，特定非営利活動に係る事業のみを対象とし，当初年度は，次に挙げる活動を主体として実施する。
　　① 企業家とエンジェルとのマッチング及び経営コンサルティング提供活動
　　② ベンチャー起業・企業向け各種経営セミナー
　　③ 情報発信活動
 (2) 実施体制の整備
　　① 会員の拡充及び会員データベースの整備
　　② 定款施行細則，倫理規定等の整備
　　③ 会員の専門分野別のネットワーク化
　　④ 事務局体制の強化
　　⑤ 運営組織の設置
　運営組織として，運営委員会他各種の委員会を置き，具体的活動の計画・実施に当たるとともに，次年度以降の事業を考慮した企画検討を行う。

2　事業の実施に関する事項
 (1) 特定非営利活動に係る事業

事業名	事業内容	実施予定日時	実施予定場所	従業者の予定人数	受益対象者の範囲及び予定人数	支出見込額（千円）
ベンチャー企業及びエンジェル（協力者・支援者）同士の連絡，交流，支援の場	起業家とエンジェルとのマッチング及び経営コンサルティング提供	年6回	S区立産業商工会館	20人	地域住民及びベンチャー事業関係者 100人	300
ベンチャー企業設立・経営関する啓発・普及	ベンチャー起業・企業向け各種経営セミナー	年2回	S区立産業商工会館	10人	地域住民及びベンチャー事業関係者 100人	200
情報発信(1)	ホームページによる活動内容及び成果の公表	年8回	事務局	5人	会員及び広く公表	60
情報発信(2)	会員及び市場関係者向けメールマガジンの発行	年8回	事務局	5人	会員及び広く公表	60

 (2) 収益事業

出所：ムクダス編集部編『図解超かんたん会社設立の段取り』中経出版，2002年，p.102。

2 社会福祉法人マーケティング戦略

(1) T法人のケース

❶ T法人の理念・使命・貢献の思想

　社会福祉法人Tの発端は，終戦直後の1946（昭和21）年，現在のA市に，廃墟の中で夫や家を失った母と子の絆を断ちきらないために，母子寮を創設したのが始まりである。現在は，母子寮：児童福祉施設を都内に4カ所，1963（昭和38）年の老人福祉法の制定と共に創設された老人福祉施設：特別養護老人ホーム，高齢者在宅サービスセンター，養護老人ホーム・併設小規模特別養護老人ホーム等々6カ所の合計10施設を運営している。

　創設以来，国や都，F市を初め多くの関係者の支援のもと，社会や地域の要請に応えて，母子から老人福祉へと歩み続けて，約50年が経過し今日に至っている。この間，T法人の理事長が言い続けてきたことを法人の使命・責任・貢献の姿勢として事業活動を行っている。その姿勢・使命とは，①利用者に深い共感を持つ，②地域の方々に感謝する，③水，電気などの資源を大切にする，④常に防災を心がけ，火を出さない，という理念である。

　また，Tでは，以上4つの姿勢に加えて，家族の絆や人としての支え合いを大切にしながら，子育てや介護を初めとする援助を行い，また生活の場を提供している。子供達，お年寄りが安心して暮らせるように支援すること，それが私たちの仕事である，というコンセプトを打ち出している。

　さらに，2000年4月から始まった介護保険制度[5]への移行に伴って，「本人の自助努力・自主性の尊重」を基本理念にしながら，「サービスの内容を変えない・低下させない」「職員の生活の保障」を明確にミッションとして打ち出している。現在は，措置費，都補助金，委託費，寄付金などでまかなっているが，経費のうち約80％は人件費である。今日では，措置制度から契約制度への移行の時期でもあり，ゆくゆくは利用契約制度に対応した事業展開をすることになっている。

❷ 多彩なサービスで様々な暮らしをサポート

　T法人で行っている老人福祉サービスは，次のようなことである。先ず，「高齢者在宅サービスセンター」においては，各種事業を通じて，在宅高齢者

の生活の質の維持・向上を図り，住み慣れた地域での生活が継続できるよう援助する。なお，すべての通所事業はセンター専用車にて利用者の送迎を行う。ただし，痴呆ショートステイの場合は家族による送迎となる。具体的なサービスは次の通りである。

① ショートステイサービス……介護者の病気や冠婚葬祭などで，寝たきりや痴呆症状のある高齢者が必要な介護を一時的に家庭で受けられない場合，あるいは介護者が休養をとる場合など，短期間（原則として1カ月に7日まで）センターに滞在してもらい，援助をする。

② 入浴サービス……身体が不自由なため家庭での入浴が困難な高齢者の入浴を援助するもので，センターの専用車で送迎し特殊浴槽（機械浴・リフター浴等）にて寝た姿勢や座った姿勢のまま入浴をする。各家庭への巡回入浴援助サービスもある。

③ 訪問食事サービス……食事作りが困難な，ひとり暮らしまたは夫婦のみの高齢者世帯に夕食を宅配し，栄養の確保及び安否の確認を行う。

④ デイサービス……これには，基本事業，機能訓練事業，痴呆性高齢者デイホーム事業の3事業がある。

　○基本事業……概ね65歳以上で，家庭に引きこもりがちな高齢者に，老化防止を目的とした健康づくりや趣味・娯楽活動，あるいは同世代の交流の場として利用してもらうサービス。

　○機能訓練事業……何らかの身体的障害がある方を対象に，身体機能の維持や生活力の快復・継続を目的とした訓練を行う。理学療法士，言語療法士，作業療法士，マッサージ師などの専門職が，訓練の援助を行う。

　○痴呆性高齢者デイホーム事業……痴呆症状のある高齢者の，社会性や身体機能の維持及び精神的安定を図って，日中をセンターで過ごしてもらい，同時にご家族の身体的・精神的負担の軽減を図る。

次に，「在宅介護支援センター」における事業について見ていくことにする。このセンターでは，高齢者やその介護者の身近な問題について，24時間体制で相談に応じ，援助をしている。また，各種サービスの調整，介護機器の展示・紹介，住宅改造相談等にも応じている。高齢者ホームヘルプ事業としては，病

気や高齢のために，日常生活を営む上で支障がある概ね65歳以上の高齢者の家庭をホームヘルパーが訪問し，介護，家事援助を行っている。

　次に，Tの伝統である「児童福祉施設事業」については，"母と子の絆，家族の絆を断ちきることなく"をモットーにした創設の精神が生きている。つまり，人と人との関わり合いを大事にして，ひとりひとりの生き方を支え，利用者が"自ら生活している実感"が得られるよう支援していくという基本姿勢が貫ぬかれている。現在，児童福祉施設は，4カ所に分かれており，事業内容は事業所によって異なるが，総合すると次の通りである。

① 母子寮のもつ支援機能として，母子緊急一時保護事業，就労支援，寮内保育，教育支援，生活相談，生活支援，住宅提供，地域における子供家庭支援等々を通じて，地域社会に開放し利用して良かったといわれる児童福祉施設を目指す。

② 母子の基本的人権を尊重し，共に生き共に学び合う家族福祉の拠点として，学童保育，病児保育，補助保育，地域交流，一人親家庭児童の緊急一時保護事業，都市家庭在宅支援事業等々を，24時間体制で電話相談や家庭訪問等を行っている。

③ 子供家庭支援センターを通じて，子育て家庭を多角的に支援している。とりわけ，地域の子育てネットワークを核にして子育て家庭の相互交流・相互支援の「場」としての機能を果たすべく次のような事業を行っている。

○相談事業……子育てや家族に関する悩みごと，子供自身からの悩みなど，子供と家庭に関するあらゆる相談に電話または直接対応している。相談内容によっては専門の機関を紹介している（年末年始を除く毎日午前10時から午後10時まで，緊急時は24時間営業）。

○地域交流事業……子育てネットワークの核として，地域での仲間づくりのための情報提供や家事，育児の勉強会，ボランティア活動などをお手伝いする（月曜日から金曜日の午前10時から午後3時まで）。

○トワイライトステイ事業……共働きや残業などで，保護者の帰宅が恒常的に遅い家庭の子供達を，夕方から預かり食事・入浴等の援助を行う（小学6年生以下の児童で午後5時から午後10時まで）。

○ショートステイ事業……病気・出張・出産・冠婚葬祭などの理由で，保護者が一時的に家庭での子供の養育が困難な時に子供を短期間預かり，食事・通園通学等の援助を行う（18歳未満の児童で7日以内）。

○母子（父子）緊急一時保護事業……家庭内のトラブルなどで親子を緊急に保護する必要が生じたとき，一時的に滞在できるような生活の場を提供し必要な支援を行う（18歳未満の子を養育する母子または父子で15日以内）。

○母子の自立援助事業……母子家庭のための生活施設である。中・長期的な見地に立って，基本的な日常生活と子育ての支援，母親の就労支援から退寮後のアフターケアまで，トータルに母子の自立を援助する。

なお，Tの老人施設における職員数は2000年3月現在で，293名であり，利用者は631名にも及んでいる。また，母子関係施設の職員は65名，利用者は80世帯206名となっている。このほか事務職等を含めた総合計では365名の職員および1127名の利用者を抱えている大規模な社会福祉法人である。

❸ 自立支援と地域社会を囲い込むマネジメント

T法人の福祉サービスには，一言でいえば，「地域との共存」を図りつつ，よい品質のサービスの提供，コストダウン，従来からのサービスを低下させないという基本理念があり，全職員が一体となって各種サービスに当たる一方，従業員の生活の保障ができるような法人づくりを目指している。

Tの会計は，約3000部発行の機関誌『しんあい』などで公開されており，各種事業ごとの会計処理や損益管理がなされている。将来は福祉サービス内容に対応した収支管理を徹底していくことにしている。このことから健全な法人体質を維持していると判断される。各事業の再構築については4年くらい前から取り組んでおり，コストダウンを図るためのありとあらゆる創意工夫がなされている。

例えば，配食サービスにおいては，ボランティアに近いパートグループを活用するとか，食材なども近隣の地域社会からの仕入れを進めるなど，きめ細かな対応がなされている。この背景には，T法人は，「地域社会との共存」というコンセプトが全体を貫いており，国や都や市の肩代わりを行っているのが，

社会福祉法人であるという共通認識があるからである。いってみれば，地域福祉は相互扶助の精神に基づく助け合いの精神がその根本思想となっているからであろう。

　基本的には，福祉は人間同士の"善なる心"や思いやりの行為・行動の問題であり，相互扶助・助け合いである。この基本精神や理念を無視してこの事業は成り立たない。Tの社会的使命は，地域社会との共存を老人福祉および児童福祉というかたちで地域社会貢献をしているものと考えられる。

　今後，措置制度から利用者との直接契約制度に切り替えられるなか，同法人は社会福祉法人のマネジメントを徐々にではあるが整備しつつある。社会福祉法人という非営利事業組織においても，マネジメントやマーケティングは必要であり，いかにして措置制度から契約制度の切り替えをマネジメントするか，社会福祉法人にもマネジメントや公益マーケティングという発想が求められている。

(2)　K社のケース

❶　K社の理念・使命・貢献の思想

　民間の企業においてもミッションマネジメントやミッションマーケティングの概念が浸透しつつある。東京・足立区にある㈱トータルケアサービスKのミッションおよびよいサービスを行うための基本コンセプトは，次の通りである。

1. 個人の生存と尊厳は，すべての人々にとって究極の価値である。我々は，個々の人間に与えられた自立する力を最大限に伸ばし，住み慣れた町で生き抜くための援助を提供することにより少子・高齢社会に貢献する。
2. 介護の専門職としていつでも，どこでも，誰にでもより上質なサービスを提供できるように，常に職務について研鑽する。
3. 職務遂行にあたり「シルバーサービス振興会・倫理綱領」を遵守することを誓約する。

【よりよいサービスを行うための基本コンセプト】
1. 私たちは生活の自立の拡大を図り快適な療養生活の維持を目指します。
2. 私たちは個人の理解し合える人間関係を築きます。
3. 個人の生活慣習や文化・価値観を尊重します。

4. 仕事で知り得た個人の秘密は守ります。
5. ご家族や地域の人々との関係を大切にします。
6. 保健・医療・福祉の連携を図ります。
7. 正しい知識と確実な技術をもって安全を守ります。
8. ケアスタッフとしてよりよい介護を提供するために努力します。

社長は「少子高齢化が進む地域社会でトータルな生活支援サービスを行いたい」という地域貢献理念を明記しており，ミッションにふさわしい責任あるサービスをしていきたいという責任感・使命感を全面に打ち出している。そして「街の生活支援センター」としての機能を発揮すべく在宅介護サービス，介護ショップ，ベビーシッター派遣等々を行っている。

❷　ミッションへの事業統合化

なお，こうしたミッションや基本コンセプトを受けて，K社の事業・業務内容は，次の5つに分かれており，規模の割にはかなり手広く行っている。

① 在宅介護支援事業（申請代行，訪問調査，ケアプラン作成等）
② ヘルパーステーション
　　◇身体介護サービス＝食事介助，通院介護，排泄介護，おむつ交換，寝衣交換，体位交換，入浴介助，整容・清拭介助，その他の身体介護
　　◇家事援助サービス＝掃除，洗濯，食事の準備や調理，買い物，ゴミ出し，連絡，留守番，話し相手，その他の家事援助など
　　◇看護師による相談等
③ 介護ショップの運営（介護用品・福祉機器販売とレンタル，住宅改修の相談等）
④ ベビーシッター事業（ベビーシッター派遣，託児ルーム提供，産前産後のお手伝い，イベント時の保育等）
⑤ 看護師家政婦紹介事業

K社の介護保険事務の流れおよびサービス提供事務の流れは次のようになっている。

　　◇介護保険事務の流れ（①申請書が届く→②区市町村へ提出→③訪問調査→④介護認定審査会→⑤認定結果の通知→⑥ケアプラン作成→⑦サービス開

始→⑧見直し・調整)

◇サービス提供事務の流れ（①ご依頼→②看護婦等，専門職による事前訪問→③サービスの内容の決定→④ご契約→⑤サービスの開始→⑥定期訪問→⑦見直し・訪問）。

なお，K社の従業員は15名であり，ヘルパー200名を要している。

❸ 自立支援と顧客満足

K社のミッションマネジメントは，一言でいえば社会的使命を最上位に掲げた，"顧客満足"ということにつきる。K社は顧客満足について，具体的に次のように文章化しミッションマネジメントの基本理念，使命，意思として表現している。

「顧客満足」ということ
　お客様のニーズに応えて，在宅生活の"自立支援"をするのが，私たちの仕事です。顧客がサービスにお金を支払おうとしなければ，そのサービスは無くてもよいものになります。顧客は事業の土台です。
① お客様に満足してもらう。
② お客様に選んでもらう。
③ お客様にお金を払ってもらう。
　サービスの質の向上は，会社全体の仕事です。どんな些細なことでも，"お客様の立場に立った対応"を第１に考えたいものです。

K社のミッションマネジメントで，特徴的なことは「請負契約」に基づいてサービスを行い，設立当初から同一のサービス提供ができるようプロのヘルパーの養成・育成に力を入れており，「ヘルパーのサービスマニュアル」を作成し徹底させているということである。

また，全体研修会を毎月１回開催し，研修会では「ゆいまーる（沖縄の方言で助け合うの意）」という情報誌を作成し，議事録や介護サービス等々に関する情報提供をきめ細かに行っている。さらに，短時間の派遣にも対応できるよう地域の人々に信頼される企業になるべく，街の生活支援センターとして老人介護・育児サービス等々を心がけている。

当社のミッションマネジメントは，「ヘルパーという仕事は人が人として生きるためのお手伝いをする点で，非常に尊く有意義なものと考えています。当

社で抱えるヘルパーさんがやり甲斐を感じ，生き生きと仕事ができるように……。私自身，縁の下の力持ちであり続けたいと思っています」というS社長の言葉に代表されるといっても過言ではない。

❹　自助から共助，公助への精神

では，福祉を公益マーケティング的視点から検証してみよう。K社は松下幸之助が著作の語録のなかで言っているように，「福祉は自らつくるもの」という論理に立っている。先ず"自助の精神"があり，続いて"共助の精神"がこれに続き，"公助の精神"が最終であるという論理である。

在宅介護サービスは，自助→共助→公助のフローを指すものであると定義づけており，そのためのサービスを行っていくというマーケティングコンセプト（marketing concept）を打ち出している。つまり，基本は何でもかんでもサービスするという発想ではなく，あくまでも高齢者の人間としての尊厳を大切にしながら，状況に応じた在宅ケアサービスを心がけるということである。

核家族化が進む都心部では老人介護や育児を家族だけで行うのは現実的に無理があり，そうしたときのサポート役をやることを目的に会社を設立してきた。それだけに，「利用者に心から満足してもらえるサービス」とは，こうしたサービスのことを言っているのであり，決してお仕着せ的なサービスを言っているのではない。在宅介護サービスにおける顧客満足をマーケティングコンセプトにしているといっても過言ではない。

これは，K社発行の情報誌や数々のパンフレット，それに社会福祉士の資格を保持している経営責任者の介護サービスにかける意気込みおよび実績を見れば分かる。今後は「どれだけ質の高いサービスが提供できるかが課題である」という真摯な経営責任者とそれを支える14名の社員およびソーシャルワーカーやケアマネジャー[6]，看護師等々を含め約200名のホームヘルパーの姿勢にかかっている。

ただ単なる，介護サービスにとどまらず「街の生活支援センター」として老人福祉介護・育児サービス等々に取り組む社会貢献思想，社会的使命感が当社のミッションを如実に表している。こうした社長の福祉サービスにかける意気込みおよび姿勢は，公共の福祉公益マーケティングの概念を地でいっているも

のと改めて評価に値する。

(3) 社会福祉法人のマネジメント導入と課題

❶ 社会福祉法人の組織および責任

　社会福祉法人には，組織によるいろいろな縛りがある。第1の縛りは理事会組織の機能およびその形骸化の問題である。措置制度下では寄付金や補助金等によって資金が賄われ，それに基づいて事業運営が行われていた。実際の事業運営に関しては組織の中核に理事会があり運営を委任されていた。この理事会の機能の構造上の欠陥から社会福祉法人の不祥事が新聞紙上を賑わしたこともあった。

　社会福祉事業法では，理事会を構成する理事は3名以上となっていたが，社会福祉法人の審査基準には定款準則があり，これは局長通達や通知によって決定されていた。準則では以前は6名以上だったのが，老人ホームおよび身体障害者の施設でしかも評議委員を置かない施設は10名以上の理事会構成員を置くよう通知および通達があり今日に及んでいる。

　第2の縛りは，租税特別措置法に関する国税庁の通達である。この縛りは社会福祉法人が譲渡所得を受けた場合の免税を受けるためには役員および理事は6名以上と明記されているということである。さらに第3の縛りは，理事会や評議委員の構成メンバーに地域の代表者や社会福祉経験者を置くなどの様々な制限が加えられている。

　何故，こうした制限が加えられているのかといえば，社会福祉法人の理事長による個人の恣意的かつ独善的かつ横暴な組織運営を排除しようという狙いがあるものと考えられる。過去に起きた不祥事を防止し，理事会内に公平かつ公正で高潔な透明性のある組織にしようというもくろみが背後にある。

　会社・企業の取締役会に当たる理事会に，こうした制限規定が設けられたのはまさに，こういった背景があったからである。そのほか，例えば法人で施設建設の借金をした場合，その返済がもし滞った場合には理事全員の責任にまで及ぶという連帯責任の問題がある。公金は，その運営および使途について公明正大に透明性を持って情報公開をする義務があるという性格を持っている。

　次は社会福祉法人の理事の報酬に関する問題である。学校法人などには報酬

があるがこの法人は無報酬であるのを原則としていた。ところが，1993（平成5）年の通達によって通常の仕事をする常務的な理事は，報酬をもらってもよいことになったという経緯がある。適正な法人専属の理事に対しては適正な報酬を支払って，適正な仕事，機能を果たしてもらおうという措置である。

次は評議委員会の位置づけの問題である。評議委員会は理事を決定したり理事会で決議されたことを決定するという二重議決機関となっている。ただし，この評議員会は法律上は任意設置になっており，必ず置かなければならないとはなっておらず，置くことができるとなっている。しかしながら，理事会の運営や機能をチェックする役割を果たし，第三者的に公平性を維持するためには評議委員会を理事会の諮問機関として位置づけておいた方が賢明である。

最後は社会福祉法人の解散および合併の問題である。社会福祉法人も1つの組織であるためやむなく解散や吸収合併をする羽目に陥ることも当然にあり得る。こうした場合の資産は基本的には国庫に帰属する。約1万6000ほど存在する社会福祉法人の維持管理は大変であり，必ずしも一様にはいかない。経営面，機能面，採算面等々の問題が自ずから派生し，整理統合を余儀なくされるケースも多々ある。社会福祉法人の実態に即した対応および法整備が待たれる。

❷　社会福祉法人の経営戦略，計画，貢献，成果

社会福祉法人は仕事の成果を上げなければならない。そのためには社会貢献できるような明確な経営理念に基づく経営戦略および経営計画が必要になる。社会福祉法人の成果とは，社会福祉法人が関わっている全ての仕事および組織メンバーの仕事ぶりである。

こうした仕事および仕事ぶりは社会福祉法人独自の効率的なマニュアルを作成し，事業計画を立てる。つまり，Plan（計画）→ Do（実施）→ See（統制）→ Reserch（探求）というフローを実践する。経営戦略の立て方は経営学や経営戦略論，マーケティング論でいう法則と同様である。

ただ，会社・企業経営における事業計画の立て方との根本的に違うところは，会社・企業の場合は「利益」を中心とした計画を立てるのに対して，社会福祉法人の場合は「使命」を中心にした計画を立てるというところである。しかしながら，コンセプトは違っても組織運営やマネジメントそのもの，仕事ぶりに

対する評価は何ら変わるものではない。目的志向が異なるだけである。

わが国における NPO は，欧米の NPO とはマネジメントに関する認識や仕事ぶり，組織運営のあり方，特に理事会の機能などがかなり後れをとっているので，ドラッカーが指摘しているように，アメリカの NPO の理事会の役割と評価システムなどを見習うべきであろう。

❸ 社会福祉法人の財務，会計管理

社会福祉法人の財源は，収益事業，寄付と補助金，一部借入金等々でまかなわれている。現実には2分の1が補助で残りの2分の1が自己負担というのが実態ではないだろうか。実際に施設整備資金が約2億円で建設した某法人の返済原資を見ると，措置費：補助の一部と寄付金で返済しているというのが社会福祉法人の制度である。

補助金のあり方も定率制でいくのか定額制でいくのか，議論の分かれるところであるが，将来的には補助を無くした方がよいという認識で推移していくものと思われる。例えば，介護保険であれば介護報酬の単価に積み立てられるコストを上乗せし，後は法人の経営努力で施設建設資金として将来的に積み立てていく方式を採るシステム構築を図るとよい。

ちなみに，医療法人では補助がないため受ける法人の側から文字通り手を上げて補助金申請をする手上げ方式を採用しているが，社会福祉法人も医療法人と同様な手上げ方式にすべきであるという政策論争もある。しかしながら，社会福祉法人は図表6-3で見るように医療法人に比べて公益性が高いという認識がある。したがって，現状では中央では4分の3，地方では2分の1の自己負担を寄付等でまかなうという定率制がとられている。将来的には，単価の高い高齢者関係の法人と単価が低い保育所などのような法人との差別化をして財源確保をしていくという柔軟な対応が望まれる。

例えば，保育所などのような高単価が期待できないような法人は，高率で定額を補助し高齢者関連の高単価の法人は補助を徐々に低減させていくのである。補助が徐々に低減していく代わりにその分だけコストに上乗せをしていくことになる。こういう柔軟性をもった施設整備補助システムを構築できるような予算措置対策が望まれる。

図表 6 - 3　わが国における法人の分類

	（税法上の）協同組合等	（税法上の）公益法人等	
非営利組織	農業協同組合 漁業協同組合 森林組合 中小企業協同組合 消費生活協同組合	特定公益増進法人：社会福祉法人／学校法人 民法上の財団法人・社団法人 宗教法人	
	（税法上の）内国普通法人		
	医療法人	特定非営利活動法人	
営利組織	← 公益性 低い 株式会社／合資会社／合名会社 有限会社	公益性 高い →	

出所：山内直人『NPO 入門』日本経済新聞社，2000年，p.135。

　もちろん，このような措置をとると転換期の経過措置を講じる必要性がでてくる。最近開設したばかりの特別養護老人ホームであるならば，25年後を目安に単価設定されれば積み立てが可能になる。反面，すでに20年を経過している施設では老朽化のため，経過措置がなければ建て替えは不可能になる。

　ところが，医療法人などは補助を受けないで特別養護老人ホームを建設しており，当然単価のなかに減価償却分のコストを要求してくることが予想される。社会福祉法人の場合は補助があるためそのコストは単価に含まれないことになる。

　いずれにしても，社会福祉法人が自立していくためには法人が必要な自由財源をいかに捻出していくかが，大きな課題になる。2000（平成12）年2月17日制定の社会福祉法人会計基準では，措置から利用への制度改正に対応し施設単位であった会計単位を，法人単位に一本化し法人の自主的な経営および運営が可能となる公金等の透明性のある社会福祉法人会計になったことは，大きな意

義があるものといえよう。

　次は社会福祉法人の会計基準の概要についてである。この基準は国民の多様な福祉需要に適切に対応するため、介護保険制度導入などの個別施策見直しに加え、社会福祉事業、社会福祉法人、措置制度など社会福祉の共通基盤制度全体の改革に取り組み、利用者の立場に立った社会福祉制度の構築を図ることを目的として制定されている。

　その特徴を整理すると、
① 措置費等公的資金の収支を明瞭にし、その受託責任を明瞭にしたこと。
② 会計単位を施設単位から法人単位に一本化したこと。
③ 社会福祉法人の自主的経営基盤や運営の強化、提供する福祉サービスの質的向上および事業経営、財務内容の透明性の確保を図ったこと、などである。

なお、【会計基準の基本的な考え方】は次の通りである。
① 法人単位での経営を目指し、法人全体の経営状況が把握できる分かりやすい法人制度共通の会計基準にした。
② 会計基準は簡潔明瞭なものとし、損益計算の考え方を採り入れることにより効率性を反映させた。
③ 会計基準は法人としての高い公益性を踏まえた内容にした。
④ 会計基準は取引を適切に記録し、経営状況を適切に表示するための基本的な事項について定めたものであり、各法人における経理処理については、この基準を基にそれぞれの法人で自主的に定めることにした。

次に【会計基準の骨格】については、
① 法人全体で資産、負債等の状況を把握できるようにするため、会計単位は施設ごととせず、法人一本の会計単位とした。ただし、公益事業および収益事業については、別途特別会計として会計単位を分けることとした。
② 施設ごとの経営状況を判読できるよう、会計単位の内部に施設ごとの経理区分を設けることとした。
③ 適切なコスト管理、経営努力の結果が反映されるよう、損益計算の考え方を導入することとした。

④ 建物などの資産価値を適切に評価，表示するため，減価償却制度を導入することとした。
⑤ 計算書の体系は，資金収支計算書，事業活動収支計算書，貸借対照表および財産目録とした。
⑥ 資金収支計算書，事業活動収支計算書には，経理区分ごとの内訳表を添付することとした。

続いて，【会計基準運用上の注意点】としては，①経理規定の制定，②複式簿記の実施，③経理区分，④勘定科目，⑤減価償却，⑥付属明細書の作成などが義務づけられている。

さらに，【適用の範囲等】については，
① 原則として，全ての法人に適用するものとする。
② 措置費（運営費）支弁対象施設のみを運営している法人については，当分の間，昭和51年1月31日社施第25号厚生省社会局長，児童家庭局長連名通知「社会施設を経営する社会福祉法人の経理規定準則について」（以下「経理規定準則」という）によることができるものとする。
③ これまでの経理規定準則が適用されていない法人については，当分の間，従来の会計処理によることができるものとする。
④ 病院会計準則等を適用している肢体不自由児施設，重傷心身障害児施設，助産施設及び老人保健施設等については，当分の間，従来の会計処理によるものとする。
⑤ 授産施設については，別途通知される予定の会計基準によるものとする，となっている。

実施時期としては，2000（平成12）年4月1日より適用するものとし，会計基準の見直しについては，今後の社会福祉事業の動向を踏まえ，適宜必要な見直しを行い，今後もさらに改善と充実を図っていくこととする旨，定められている。

❹ 社会福祉法人の監査システムと情報開示

社会福祉法人の会計基準では，会計処理の透明性を強く打ち出している。このことに鑑み，会計監査は措置制度に伴う補助金等については，国の会計検査

院や都道府県の福祉関連行政機関の担当窓口で行われる会計監査を義務づけされている。

それと同時に，監査指摘事項に限らず給与関係などの情報開示を積極的に行う方向に転ずる必要がある。ちなみに，介護保険運営規定のなかでは明確に情報開示をする旨，定めがあり法人として積極的な取り組み姿勢が問われている。

もちろん，会計処理のみならず法人におけるサービスに対する評価の必要性が今後の重要課題になってくるものと思われる。社会福祉法人の"仕事ぶり"に対する第三者評価システムの構築である。

❺ 社会福祉法人のマネジメントのあり方

社会福祉法人といえども，マネジメントは必要である。いかなる組織であれ全ての事業体において，マネジメントは組織の機関としての機能を果たす。マネジメントが行われない組織は決してあり得ないのである。

そして，マネジメントとは，トップマネジメント（top management）のことである。事業体の最高経営責任者：CEOの仕事ぶりを指す。社会福祉法人の場合は，理事長を初めとする事業経営における最高スタッフがこれに当たる。

アメリカにおいては，NPOの理事会の仕事ぶりや機能が高く評価され，会社・企業はNPOの理事会の相互牽制的な自己評価システムを見習うべきであるという見解が成されている。社会福祉法人としても，将来的には事業運営に当たる者のリーダーシップと仕事ぶりなどに関する評価システムの構築が必要になるだろう。

もちろん，仕事の役割を分担した従業員の評価システムも必要になる。社会福祉法人は，社会的使命を最上位に掲げて，老人福祉施設や児童福祉施設等の運営を遂行し，地域社会のニーズに応えていかなければならない。

自由国民社発行の『現代用語の基礎知識』によれば，「CEOとはアメリカ企業のトップマネジメント組織において，通常の職位呼称である会長，社長とは別に実質的なNo.1，No.2の実力を示す肩書きをいう。統計的には会長であるCEO，社長であるCOO（chief operating officer）というパターンが最も多く，この場合会長＝決定者，社長＝執行者という職務権限上の明確な上下関係を形成している」。わが国の場合，会社・企業の会長や非営利組織法人の

理事長に当たる職位であると考えてよい。

　すでに，アメリカにおいては救世軍やガールスカウト，赤十字，教会などの非営利組織であるNPOが，マネジメントのリーダー役になっているのである。ドラッカーは，理事会を有効なものとする鍵は「その役割について論ずることではなく，その仕事を組織化することである」[7]といって理事会の仕事ぶりを挙げており，使命と責任と組織を通じての仕事ぶり，つまり成果をどう評価するか，非営利組織における自己評価法を論述している。この評価法については第8章で詳述する。

　いずれにしても，社会福祉法人などの非営利組織体は利益＝私益ではなく，"使命"を事業計画の根幹に置きその使命を達成するために事業目標や戦略を立てる。会社・企業の事業計画は"収益＝利益＝私益"を上げることを事業計画の根幹に掲げる。

　しかしながら，会社・企業において収益は何のために掲げるのか，このルーツをたどっていくと自ずから社会的使命とか使命感・貢献心という概念に到達する。収益の前提条件として，会社・企業においても"使命"は存在するのである。

　人間が何か世の中の役に立ちたい，つまり社会貢献をしようと思うときいかなる形で提供しようかということが先ず課題になる。大方の場合，金銭やモノによる"寄付"行為や直接無償で労働力を提供する"ボランティア（任意行為者）"という形態をとる。

　これは言葉を換えれば，ギリシャ語から派生した言葉である「フィランソロピー（philanthropy：博愛・慈善・人間愛）」という言葉に置き換えることができる。ここに意味する内容は，寄付やボランティアといった行為・行動をすることにより，直接見返りを期待しない人間の尊厳を大切にする慈善活動を指すからである。

　社会福祉法人などのNPOに限らず，会社・企業などの営利組織が社会的公器としての性格を持ち，企業経営活動を通して社会貢献活動をしようという動きが大勢を占めるようになってきたのは，まさにNPOの地域社会や国際社会における国境や人種や宗教や政治を越えた"社会的使命"が存在するからであ

る。

　日本経済団体連合会でも1991年に社会貢献部を新設して大企業が企業メセナを初め，コーポレートシチズンシップ（corporate citizenship：企業市民性）の概念を導入し始めたのは記憶に新しい。

　社会貢献で留意すべき点は，社会貢献をする場合，金銭の贈与を寄付と呼び，労働の無償提供をボランティア（無償労働の対価・見返りを期待し要求しない社会奉仕活動の意）という意味・内容の違いである。山内直人氏は何故人間は寄付行為をするのかということに対して，人間には「利他的動機（他人が幸せになることを喜ぶ）」と「利己的動機（他人を幸せにすることを喜ぶ）」の2つの動機によると言っている[8]。

　つまり，他人が幸せになるということは，自分も幸せであるという考え方が利他的動機であり，自己満足のための寄付行為やボランティアなどは，利己的動機である旨区別しているのである。こうしたフィランソロピーの概念は，企業においても慈善団体などに金銭による寄付やチャリティーとして自社製品などを寄付することが多くなってきている。

　これは会社・企業の利潤追求理念と相矛盾するのではないかという議論がある。しかしながら，営利事業体である企業における適度なフィランソロピーは，かえって企業イメージアップ，企業イメージ戦略の高揚に繋がり長期的利益極大化・最大化に繋がり，広告の効果と同様の機会的効用をもたらし，利潤追求概念と何ら矛盾するものではない。

　こうした考え方を推進ししているのが，コーズ・リレイテッド・マーケティング（cause-related marketing）というマーケティング概念であり，企業における社会貢献活動の戦略として注目されてきている。

　例えば，企業が売上代金の一部を社会福祉協議会や団体に寄付したり，地域社会の環境保全や地域住民のコミュニティー施設建設に役立ててもらうような寄付行為・慈善行為を行った場合である。このように企業フィランソロピーは，短期的には企業利益の圧迫要因となるが，長期的には地域社会から喜ばれ利益還元に繋がるという強みがある。

　これはNPOにおける慈善活動の波及効果的なもので，会社・企業といえど

も地域社会で共生・共存・共栄していくための社会貢献活動を，避けて通れなくなったことを意味する。営利企業における「環境コスト」と同様に，慈善行為に係る寄付は「機会コスト」[9]として常識の概念になりつつある。

　企業が創設するサントリー文化財団，トヨタ財団，石橋財団，日本生命財団等々のNPO財団はそのよい例である。こういった助成財団は資金の提供者と受給者の仲介役の機関として機能しており，助成財団の社会貢献活動における役割は大きい。

　なお，全国の都道府県に必ず1つずつある社会福祉法人共同募金会が行う共同募金（街頭募金と戸別募金がある）なども寄付行為を受ける機関として大きな役割を果たしている。

　わが国におけるNPOの最大の問題点は，NPOのマネジメントと財務・会計・監査システムの構築である。アメリカのNPOにおけるマネジメントは，前項でドラッカーが指摘しているように会社・企業の取締役会はNPOの理事会の機能を模範にしなければならない旨を指摘している。

　特にNPOにおけるCEOと呼ばれる最高経営責任者の機能と"仕事ぶり"に対する評価システムの構築が待たれる。公金である寄付金の使い方や使用内容に関する情報公開，適正な財務会計処理が行われたかどうかのチェックシステムなどを包含したNPOのマネジメントシステムの構築である。

❻　ミッションマネジメントへの道

　NPOといえどもマネジメント（management：経営管理）は必要なのである。必要不可欠であるといっても過言ではない。NPO活動は，寄付金等による"善"なる活動であるが故にともすると資金の使途や会計処理がおろそかになりやすいという特質を保持している。寄付行為を行った人や財団等の信託を受けて，"善"なる活動を実施するからこそ逆に活動の内容を，寄付行為の提供者に明らかにする必要があるといわなければならない。

　NPOの基盤は，これらの問題を統括管理するマネジメントのあり方いかんにかかっているといっても過言ではない。NPO活動を長期安定的に継続させていくには，マネジメントをきちんと行わない限りNPOの発展・進歩はあり得ないといえよう。ここに社会福祉法人などのNPOマネジメントの意義があ

る。

　NPOにおける寄付金やボランティア活動は，会計上無償提供ではあるが社会的にみると決してタダではなく「機会コスト」という名の機会費用がかかっているとみなされる。NPOのCEOである理事長はこのことを十分に認識しておく必要がある。

　それと同時に，公益法人たる社会福祉法人等における従来の措置委託制度という概念では，公的な事業としての施設ケアを規定し，画一的でありただ決められた予算管理の執行というお仕着せ的なニュアンスが強く，施設であれ在宅であれ対人援助活動が中心であり，最低限の基準を遵守しさえすればよく，マネジメントの必要性は存在しなかったのである。

　しかしながら，社会福祉事業法が社会福祉法になり，"措置"制度から"契約"制度に変わったことによって，福祉の仕組みや概念が変化してきた。特に利用者の満足度，自立支援という側面からのアプローチである。福祉介護サービスに対する考え方は，"自助"から"共助"，そして"公助"へと3段階の概念へと認識させることによって，最後の時まで利用者らしく生きていける的確かつ段階的なケアサービスの導入に踏み切っている。

　また，ケアサービスの中身も，シニア（役割・参加・尽力・貢献）からケア（世話・保護），キュア（治療）へというように変化・変身・進化してきている。ウェルビーイング（健康かつ幸福で反映している状態）からウェルネス（ヘルスに対してより積極的，創造的で高度な健康を獲得し，維持発展させるという実践的生活活動を総合した概念。人間の生き方，人生観に関する価値を大切にする。体験を通じて人間の尊厳を大切にする概念）へとシフトしてきている。

　ヨーロッパのあるヘルスプロモーション学会が「生き甲斐ある老後の条件」として，①生涯現役，②ネットワーク，③楽しさ，④役割，⑤ゆとり，を挙げているのを見れば容易に理解できよう。

　こうした欧米の考え方が，わが国における社会福祉制度の根幹を180度変革させるきっかけとなったことは事実である。こうした柔らかい福祉介護サービスの論理がわが国の福祉を大きく変革させようとしている。これらの傾向は営利，非営利組織を問わず波及している。

特に高齢者福祉分野においては，介護保険がスタートし介護保険サービスを提供する主体は，社会福祉法人に限らず医療法人，生活協同組合，農業協同組合，あるいは営利を目的とした企業でも参入できることになった。もちろん，施設型のサービスについては認可されていないが，将来的にはこうした分野にも多様な経営主体が参入してくることが予想される。

とりわけ，市民運動を主体とした非営利の市民活動やNPO団体が積極的に高齢者福祉サービス分野に参入してくることが予測され，特定非営利活動促進法（平成10年3月25日公布，法律第7号）がこれを後押ししている。

1999年8月27日現在で，特定非営利活動促進法に基づく法人格の認証数は469団体であり，申請団体数で見ると（複数回答，経済企画庁）「保健・医療・福祉」が全体の61.7％と最も多く，「社会教育」の33.8％がこれに続き，「子供の健全育成」31.9％と続いている。

この特定非営利活動法人は，その行う特定非営利活動に係る事業に支障がない限り，その収益を当該事業に充てるための"収益事業"[10]を行うことができることになっている。ただし，収益事業に関する会計は特別会計として経理することになる。

この背景には，利用者が介護サービス提供業者を選択できるという枠組みが拡大されてきたわけで，経営者側にとっては便利で低廉で質の良いサービスをどのようなマネジメントで行うかによって，評価されるというように福祉サービスの中身・内容が変わってきたということである。

地域社会に関係する各種の組織団体並びにボランティアなどのNPOや行政とのネットワークを構築し，社会福祉法人ならではの，使命・責任・貢献・成果を上げなければならないのである。ミッションマネジメントあるところに，福祉・公益・ミッションマーケティングありである。

マーケティングは，公共機関や非営利組織においても必要がある。会社・企業だけのために存在するのではない。事業体の使命が営利活動であるか非営利活動であるかの違いだけである。社会福祉法人においては，このような福祉・公益マーケティングやマネジメントの発想が極めて大切なのである。

(4) 社会福祉法人のマーケティング戦略の方向

　社会福祉法人のマーケティングは，社会福祉法人のマネジメントを基礎にしたものでなければならない。いわゆる，ソーシャルウェルフェアマネジメント (social welfare management：福祉経営)[11]の概念である。基本的なマネジメントの内容は，①寄付行為や資金に関する財務・会計処理および管理，②事業活動を行う組織管理，人材（財）および人事管理，③福祉サービス活動・ケアサービス活動の中身・内容，④福祉用具など機材の品質および維持管理，⑤福祉マーケティング戦略，⑥資金の使途および会計監査システム，⑦情報開示と組織活動に関する自己評価，⑧苦情処理の解決システムなどである。

　特に，社会福祉法人においては，施設建設に関わる公的な助成制度があり，事業については非課税であることから，介護保険で事業経営を行うに当たっては一般の企業に比較して事業利益も少なくないとみることができる。問題はこうした利益の使途である。

　ここで忘れてはならないことは，利益の分配ではなく再投資して社会福祉法人のミッションや存在意義に照らして地域社会が求める福祉ニーズにどう応えていくかという自立的な福祉事業推進を支援するヒューマンネットワークシステム (human network system)[12]をいかに構築していくかということである。これがマーケティングの要でもある。

　社会福祉法人の成果は，ハード（資金），ソフト（事業活動），ハート（受益者ニーズ）が有機的に機能して初めてミッションが達成されたということになる。入り口から中身，出口までが有機的に機能して初めて社会貢献をしたということになるのである。

　社会福祉事業法が改正されて社会福祉法になり，従来の「措置制度（措置費＝補助金）」から「契約制度」へ社会福祉の構造が変わり，高齢者福祉の分野では介護保険がスタートした。なお，NPOも社会福祉法人と同様の高齢者福祉サービスに参加することができるいわゆるNPO法が1998（平成10）年3月25日交付，法律第7号によって制度化された。

　法律改正に伴い，国は「社会福祉を目的とする事業」という広い意味で社会福祉のニーズをとらえており，公益事業，収益事業および社会福祉事業を含め

た広範囲なニーズに応えられるようサービスの中身を規定している。マーケティングに当たっては，まずこうした事業概念を十分に理解しておく必要がある。

　それと社会福祉法人の存在意義という面である。従来は措置費・補助金という面から後押ししていたため，補助金の供給シェアは約98％という高いシェアを確保しているという実態がある。しかしながら，基本的には契約によって新規市場が参入してくるという事実がある。

　市場原理に基づく民間のサービスに依存するという面も確かに増加してくることが予測されるが，市場性の限界を制度的にどこまで穴埋めできるか，特に地域福祉といった面に必ずしも市場機能が対応できるかといえば，決してそうではなく市場機能にも自ずから限界がある。

　とりわけ，少数派であるマイノリティーの場合，社会福祉法人の果たす役割は大きいものがある。それに介護単価の低い分野やサービスには，企業からの参入が困難を極めるという問題がある。現実の問題として介護サービスを手がけている大手のある会社では，リストラを余儀なくされ採算上の問題点が指摘されている。

　労働集約的な仕事やサービスの割には，介護報酬を上げにくいという実態がある。市場ニーズはあるが，介護報酬はサービスの内容によってランクづけされており，競合状態に陥り収益は分散するというのが実態である。ここに社会福祉法人の存在意義がある。サービスの点で企業と法人とどちらが勝っているかは利用者の判断に任される。法人次第なのである。

　企業と大きく違う点は，企業は投資家の配当に利益をもっていくが，社会福祉法人の場合は収益は次の社会福祉事業における直接的な再投資に還元できるという強みである。従来は寄付でまかなっていたが，これからは再投資のコスト，資産形成に還元できるというマーケティング的強みである。

　従来は措置費あるいは補助金ということで目的外使用は禁止されていたが，今後は介護報酬によって再投資が可能になった点が挙げられる。いかに先駆的な投資を行うかによって法人のサービス体制にも主体性を持った先験的な取り組みが可能になったのである。社会福祉法人のマーケティング戦略いかんにかかってくるといえよう。

(5) 社会福祉法人のマーケティングポイント

　社会福祉法人のマーケティング戦略で大切なことは，いかなる目的で誰のためにどのような事業経営を行うのか，それに先立つ社会的使命あるいは社会的使命感があるかどうかの見極めが大切である。この使命および使命感というのは，社会福祉法人の「仕事」そのものの果たす役割と責任に関する使命感である。仕事が果たす責任と役割，使命感を持つことが第1の使命である。

　仕事に関する使命感の有無がこれに続く。つまり第2の「施設利用者」の立場に立った使命感，第3の「地域社会」に対する使命感，第4の「施設従業員」に対する使命感である。社会福祉法人の仕事そのものであるミッションを最上位に掲げ，前述した3つの使命感が下位を構築する。上位ミッションが下位ミッションの優劣を決定づける。

　特に，社会福祉法人のミッションは，地域社会に貢献するという「地域資源」「コミュニティー資源」としての役割が大きい。「個人の生存と尊厳は，すべての人々にとって究極の価値である。我々は個々の人間に与えられた自立する力を最大限に伸ばし，住み慣れた町で生き抜くための援助を提供することにより，少子高齢化社会に貢献する」といった法人の事業ミッションはまさにこのことを端的に表している。

　いうまでもなく，社会福祉法人は成果を上げなければならない。そのためには，地域社会に貢献できるような明確な経営理念に基づく社会的使命を最上位に掲げて経営戦略を練り，マーケティング戦略を掲げる必要がある。組織体である限り営利，非営利を問わず戦略や戦術は必要である。

　社会福祉法人の成果とは，社会福祉法人が関わっている全ての仕事および組織メンバーの仕事ぶりである。こうした仕事および仕事ぶりの評価を上げようと思えば，独自の効率的なマニュアルを作成して長期・短期の事業計画を立てなければならない。経営戦略やマーケティング戦略は事業計画の前提になる概念である。

　事業計画は，Plan（計画）→ Do（実施）→ See（統制・見直し）→ Reserch（探求・探索）というフローで実践し，計画と実績との差異分析をするなどして評価する。事業計画の立て方で企業と根本的に違うところは，企業は「利

益」を中心にして計画を立てるが，社会福祉法人は「使命」を中心にして事業計画を立てるところが異なるだけである。事業計画のコンセプトは違っても組織運営やマネジメントおよびマーケティングは何ら変わるものではない。目的志向が異なるだけで普遍性があるのである。

　顧客が誰でどのようなサービスを必要としているか，どこに顧客がいるか，顧客満足を果たすために何をしなければならないか，資金提供をしてくれる人はどこにいるか，どうやって資金を集めるか５Ｗ２Ｈの法則で考えればよい。いかに受益者満足・顧客満足の創造を図ることができるか，これが社会福祉法人のマーケティングである。

3　医療法人のマーケティング戦略
(1)　事業ミッションの設定と公約

　一口に医療法人といっても，多種多様である。大きくは持ち分のある法人と持ち分のない法人に二分される。持ち分のある法人は医療法に基づく医療法人社団である。一方，持ち分のない法人は，医療法では医療法人社団，医療法人財団，特別医療法人，租税特別措置法に基づく特定医療法人，民法に基づく財団法人，社会福祉法に基づく社会福祉法人などに分類される。ここではごく一般的な医療法人社団（現行医療法人の全体の98％を占める）である民間病院のマーケティングマネジメントを中心として論究していくことにする。財務省では持ち分の定めがある医療法人社団は，営利法人として認識している。

　医療法人制度のいう民間病院は，医療サービスの公共性を重視しながら，社会福祉法人や公益法人のように民間病院に公益性を認めず，非営利性を強調する一方で剰余金の配分を禁止することで商法上の会社とも区別している。

　しかしながら，現実的には時価による退社時払い戻し請求権や解散時における残余財産の分配権が認められているという矛盾がある。つまり，病院という現存する医療法人制度としての特徴を維持しながら，いざ継続するマネジメントに対しては公益性を認めないという相矛盾する阻害要因を同時に作ってしまったのである。

　病院は医療業務内容からいえば，極めて公共性が高い事業である。にもかか

わらず，公益性を認知せず非営利性を強調しながら剰余金の配分を禁止するという商法上の会社とも違う。こういった公共的な医療サービスを行う事業と非公益性との矛盾する問題を抱えながら，マーケティングマネジメントを行っていかなければならないところが病院経営の特徴であり，難しさがある。

　第1は，医療法に基づく医療法人としての社団，つまり民間病院として，「医療サービス事業を行う機関としての事業ミッションの設定と公約（コミットメント）」の問題である。病気を未然に防ぎ発見し治療するという医療事業サービスに対する社会的使命および医療サービス事業のマネジメントとの関係を柔軟に把握し，双方のバランスを維持しながらマーケティングマネジメントをやっていく必要がある。

　もともと，病院には社会的使命を重視しすぎると経営難に陥りマーケティングを重視しすぎると医療サービスの社会的使命がおろそかになるという二律背反的な要素がある。しかし，この問題は同時進行されなければならない。非営利組織体におけるマーケティングやマネジメントの重要性が今や当たり前の社会になりつつあるので，同時進行は何ら矛盾するものではないと考える。これからの病院経営にはこういう概念を事業ミッションとして明確化する必要がある。

　第2は，「医療情報の開示と医療サービス情報・広報活動の強化」である。もちろん，個人情報の開示は認められないが，医療技術やサービス，医療設備，医療情報などはできるだけ公開して民間病院のオリジナリティーや強みをアピールすることを忘れないことである。

　良い医師，良い設備，良い医療機器，良い治療，良い検診，良い医療サービス，良い看護サービスができる点は強烈にアピールするという競争原理がある程度機能した方がよいと考えられる。こうした配慮は医師や看護師，医療技師などの生き甲斐感や社会貢献意欲を高揚することにも繋がる。

(2)　地域社会とのセーフティーネット構築

　第3は，「地域社会とのセーフティーネットワークの構築」を図ることである。IT社会をにらんで各家庭や職場とのセーフティーネットを確立することである。こうすることで，患者の過去や現在の病歴，将来の予防策が講じられ

る。また，民間病院間の患者の病歴に対する情報交換などが行われれば無駄のない的確な検診や医療行為を行うことができる。医療情報を共有化することで無駄な医療行為がなくなり具体的な対策が可能になり医療費の節約にもなる。

第4は，病院＝治療という認識を改める必要があるということである。健常者の病気に対する「予防医学の分野をマーケティングの中に取り込む」という考え方が必要である。高齢化社会を迎えて，成人病の患者は年々増加の一途をたどっている。

予防医学に対するマーケットは，かなり期待できる有望分野ではないかと推測できる。日本の医療費は各国に比べて高いといわれている。予防は治療ではないのではたして，病院で扱ってよいのかどうかという問題も生じてこよう。しかしながら，キュア（治療）ではなく，ケア（世話・保護）も立派な医療サービス行為なのである。

特に利用者の満足度，自立支援という側面からのアプローチである。福祉介護サービスに対する考え方を，"自助"から"共助"そして"公助"へと3段階の概念へと認識させることによって，最期の時まで利用者らしく生きていける的確かつ段階的なケアサービスの導入に踏み切っていく。こういった措置を上手にマーケティングの中に取り込んでいくのである。

第5は，「個人病院（まち医者）と大病院とのネットワークシステム」の構築である。こうしたネットワークは医師の紹介などを通じて，もうすでに行われていると思われるが，社会的な制度として維持発展，展開させていく必要がある。特に，心臓病の治療とか，脳神経外科などの名医といわれる専門医の存在が生死を分けるケースがあるだけにあなどれない措置だといえる。

大病院は，医科大学との系列があるようであり医師のインターンを初め，医師の就職や紹介などが系列を通じて行われているようである。東大系，東京医科歯科大系，慈恵医大系など病院にも系列がある。こうした系列では有名専門医の紹介や最新医療などを行える体制ができており，系列医療の強みである。ただし，系列化の問題は排他的な面も持ち合わせており，当然にデメリットもある。セクショナリズムに陥りやすいのである。

最近では訪問開業医の存在が地域社会医療を支えているという話を聞いたこ

とがある。特に，農山漁村や僻地，島嶼における医療は欠かせないものとなっている。大病院だけが医療ではない。都市との格差を無くさなければならないといえよう。地方と都市を結ぶ医療ネットワークシステムの構築が待たれる。

第6は，「救急・急患医療体制づくり」の問題である。特に救急医療は消防署との関係が強く，例えば救急・救命医療技師などの資格の問題や緊急通報システムの改善などサービスマーケティング分野のニーズ発掘が期待される。

ヘリコプターなどを使った救急医療の整備が必要である。川崎医療福祉大学附属病院（倉敷市）などでは早くから行われているし，かつて，サハリンに住んでいるロシア人の子供が大やけどを負い，当時北海道知事だった横道氏の人道的なはからいで救急医療が行われたのは記憶に新しい。国内に止まらず国際協力もまた新しい試みといえる。こうした試みは外交問題を円滑にする役割を果たすことにも繋がってくる。

第7は，「医師や病院の不正医療請求の排除」の問題である。脱税のランキングで病院の名前をよく見かけるが，これは病院の最新医療機器導入などによる資金負担による赤字経営と関係があるものと考えられる。こうした不祥事は社会的地位の高い医師や病院経営者のやることではない。医療法人社団である病院経営者の倫理観が強く求められる。

厚生労働省からの通達や独自の倫理規定やマニュアルなどによる徹底が図られていると思われるが，実態は最新医療機器の導入に伴う資金負担などからこうした不祥事が起こるものと考えられる。一度こういった事件が発覚すると，その病院のステータスは地に堕ちてしまう。こういった行為は，決して行ってはならない。医療法人のミッションが汚れてしまうのである。

第8は，医療事故防止対策である。古くはサリドマイド禍や，薬害エイズ問題，患者に対する医療ミス（注射器のとり違え・患者のとり違え・注射液のとり違えなど）等々，新聞紙上を大きく賑わす事件が時たま発生する。

絶対に事故は起こらないと思っていても起きるのが事故である。医療現場のみならずいかなることにも絶対はありえない。マニュアルづくりをするなど細心の注意を怠ってはならない。この背景には，医師や看護師の加重労働や勤務態勢に問題がある場合もある。

第9は，株式会社の病院経営参入「過剰な診療や不採算医療から撤退する恐れがある。高度先端医療に限定して実施すべきである」および外国人医師による医療行為「患者の生命・身体の危険を伴う。医療の発展に必要な医師は厚労相同意で認めるべきである」に関する小泉内閣の構造改革特区構想が最終調整で，いずれも持ち越しになったことである（図表6-4参照）。

　しかしながら，株式会社の病院経営については，保険を適用できない自由診療（公的健康保険が使えない診療。治療費全額が自己負担になる。美容整形や不妊治療など病気と認めれていないものや，高材質を使った歯の詰め物などが対象。移植の一部や新薬など最先端医療でも保険が適用されないものがある。高額負担となるが，自由診療を対象にした民間保険もある）に限り容認されることになった。

　こうしたことを背景にして近い将来，有保険適用診療も行われる可能性がでてきたといえよう。なお，外国人医師による同国籍患者の診療のみは実施される運びとなった。実施時期は，2003年度中の予定である。

　こうした動きは，これからの医療法人にとって大きな脅威であり，最終的に

図表6-4　焦点の特区構想をめぐる調整状況

特区の内容	各省庁の主張	特区推進室の反論	調整状況
株式会社の学校設立（文部科学省）	修学機会確保などのセーフティネットを条件に容認		○合意
NPOの学校設立（同）	評議員制度や学校経営に必要な財産の保有要件がないことから困難	株式会社を認め，NPOを認めないのは矛盾。NPO法人限度で実施すべきだ	○ほぼ合意
株式会社の病院経営参入（厚生労働省）	過剰な診療や不採算医療から撤退する恐れがある	高度先端医療に限定して実施すべきだ	△持ち越し
外国人医師による医療行為（同）	患者の生命・身体の危険を伴う	医療の発展に必要な医師は厚労相同意で認めるべきだ	△持ち越し
農家民宿で「どぶろく」提供（財務省）	原料に地域性がなく，コスト回収が困難	地域独自の酒類製造を認めるべきだ	○合意

出所：「毎日新聞」2003年2月27日，朝刊，第3面。

は見送られたかたちとなったが，いずれは合意に達するものであるだけに，近い将来対応を迫られる問題になるだろう。

4　学校法人のマーケティング戦略
(1)　当面するマーケティング的課題

　学校法人といっても国公立，私立など多様である。非営利組織体である学校法人においても組織が存在し，教育サービス業を行って社会に役立ち世の先導者とならん者を輩出するという社会的使命感や貢献思想が存在する以上，マネジメントやマーケティングは必須である。

　ここでは私立大学のマーケティング戦略について論究してみたい。大方の私立大学が当面しているマーケティングマネジメント上の課題を挙げると，①大学の社会的使命：UI（university identity）・UM（university mission）の欠如や不明確さ，②学生数の減少（定員割れ）に伴う学校経営の危機による資金調達難，③学校経営者である理事者のマネジメントおよびマーケティング能力の欠如，④実社会に出て即役立つ実践教育を教授できる教員の欠如，⑤大学「教育サービス業」としてのマーケティング認識の欠如，⑥産学官「公」による研究開発の遅れ，⑦大学の地域社会貢献活動のあり方，⑧大学教育に対する行政機関，大学教員，学生，理事者，保護者，地域社会などとのネットワークづくりおよび第三者評価，国立大学の法人化（独立行政法人化），株式会社やNPOによる学校設立等々が挙げられる。

　第1は，「大学の社会的使命」である。大学のミッションを掲げている学校がどれほどあるかである。単に経営理念や学風，名声だけをいうのではない。大学における社会的使命感である。大学が内外に対してどういう人材（財）を育成し，世の先導者として社会貢献をしていくか，それぞれの大学のミッションをいかにに必達していくかということである。UIはその1つの手段である。

　慶應義塾大学の学風「塾風」に，独立自尊の精神および経済実学の鼓吹というのがある。建学の祖である福沢諭吉の教育理念といってもよいであろう。こうした2つの精神によって世の先導者たるにふさわしい人材（財）の育成に努めるというのが，慶應義塾という学塾のミッションになっている。

後述するクラーク（W. S. Clark）が建学した札幌農学校（現在の北海道大学の前身）のミッションは，誰でも知っている「少年よ大志を抱け！（Boys, be Ambitious.）」である。このように，世の誰もが認知・認識しているような建学の精神を保持している大学が幾つあるだろう。あってもアピールが弱かったり広報活動・PR活動が徹底していない大学も多数存在するのではないだろうか。

　アピールの仕方が足りないということは，明らかにマーケティング力の弱さである。建学の祖に対して失礼であると考えなければならない。それぞれの大学は，独自の学風をもって建学されているはずである。その学風を世間や学生，父兄，教員に対してもっともっと強烈に理解させ認知させ得る VI（visual identity：ミッションの視覚統合）戦略を強化する必要がある。

　大学が統廃合するような場合は，大学のミッションを塗り替える絶好のチャンスである。こういう機会を上手にとらえて21世紀社会のニーズにマッチし，誰の記憶にも残るような響きのよい骨太で不動の UI を構築するとよい。平成の教育維新を図るというような意気込みが望まれる。

　建学の精神やその精神に基づくミッションを掲げて必達しようという生き様は，学生や父兄や世間を魅了する。そしてそれを永遠に光り輝き誇りの持てるものに仕立て上げなければならない。学塾の将来像をはっきり浮き彫りにするのである。

　陳腐化している精神であれば見直しもやむなしである。そのくらいの覚悟を決めてかからなければ大学改革は進まず，少子高齢化が進む時代で生き残ることはできないであろう。

(2)　**クライシスマネジメントとマーケティング**

　第2は，「大学経営に対する危機管理（risk & crisis management）[13]意識」の問題である。これは学校経営者だけの問題ではすまされない。理事・教員（非常勤教員を含む）・学生・保護者・行政の問題でもある。会社・企業における提携や合併，単位の互換性など幅広くとらえて問題解決する必要がある。

　特に全国に640ある4年制大学の3割が定員割れを起こしており，これが5割になる可能性があるという指摘が2002年2月11日の日本経済新聞に掲載され

ていた。こうした事態になると、学校運営の資金調達難が露呈することになる。

現に私立立志舘大学（広島県坂町）は創立3年で卒業生を1人も出さないまま休校する。再開の見通しは立っておらず、4年制大学としては戦後初の廃校となる可能性も出てきている（「毎日新聞」2003年2月12日）。少子化の影響で2002年度の入試時点で3割の私大が3割の定員割れを起こし、学生数が定員の5割に満たない大学も13校にのぼる（2002年春）など、今後も経営難に陥る大学は増えることが予想され、私大破綻予備軍、私大倒産の時代が現実になってきている。

しかしながら、学生の受け入れ先の確保や負債整理など破綻処理を定めた法令は今のところなく、文部科学省と私大の団体の足並みは必ずしも揃っていない。私大の破綻処理には、①学生募集を停止し、在校生を卒業させた上で学校法人を解散、②学校法人同士の合併、③民事再生法や破産法の適用、などが想定されるが、定まった枠組みはまだない。

私大の収入は、授業料や受験料、入学金など学生からの納付金が約75％である。収入の15％を占める国の私学助成は学生数が定員の50％に満たない場合には打ち切られる。立志舘のような文系学部のみの新設大学は、最初の卒業生を出すまでは交付されないのである。

定員割れの大学は受験生の人気も落ち、翌年はさらに志願者が減るという悪循環に陥りやすい。不人気学部の学生募集をやめたり、私学事業団からの借入金の返済が滞る大学も出てきている。短大では2000～2002年度までに9校が学生募集停止による廃校を選択している。

文部科学省は2002年3月、同省と日本私立学校振興・共済事業団（私学振興事業団）、私学団体の三者で「私立大学経営支援連絡協議会」を作った。私立大や短大の破綻に備え、学校法人の経営基盤強化や支援体制を検討し、実際に破綻した場合の連絡調整に当たる。

日本私立大学連盟は、2002年3月に独自の経営破綻を想定した危機管理マニュアルを公表している。立志舘の場合、課内の連絡が不十分だったようで、早めに募集停止を決断すれば、現行法の範囲内で対応できたと釈明しているという。

2003年2月10日付けの毎日新聞によれば，法政大学は私大としては初めて証券会社と組んで金融市場で資金調達をする方針を打ち出した。同大学はすでに法人としての格付け会社の評価を受けており，日立製作所や三井物産などと同格の格付けを取得している。

　学校法人の資金調達は，学生の納付金のほか，銀行や日本私立学校振興・共済事業団からの借り入れが主流になっている。2001年から学校債を一般向けに売却することが可能になったが，法的に投資対象とされず市場で流通しにくい。

　そこで同大学では，証券会社に学校債を売却し，証券会社が学校債を担保に大学が設立するペーパーカンパニー（特定目的会社）の社債を一般の投資家に売るという方法で，資金調達の手段を多様化しようというものである。

　学校債の売却時期や引き受ける証券会社などは未定であるが，都内のキャンパス再開発のため，数年以内に実施する可能性もあるという。外部からの資金調達には教育・研究だけではなく，財務面の健全性が問われるため，同大学では学校法人としての格付け会社「格付け投資情報センター（本社は東京都）」の評価を受け「AA－（ダブルAマイナス）」の格付けを得たという。

　少子化の影響で大学志願者は減少し，2002年度は私大の3分の1が入学定員割れを起こしているという現実がある。2004年度には国立大学も法人化され，大学間の競争激化が予想されている。大学改革の進行，国立大学の独立行政法人[14]化の動きのなかで，国立大学は統合の動きが見られる。

　山梨大学と山梨医科大学を初め，筑波大学と図書館情報大学，九州大学と九州工芸大学，東京水産大学と東京商船大学などの統合化の動きが見られる。また，一橋大学・東京外語大学・東京工業大学・東京医科歯科大学の4大学連合の動きもあるなど，大学の体力の強化，効率的な運営を目指した動きもでている。一方，東京都でも都立の4大学を統合しようという動きがある。

　もちろん，学部の統廃合の問題も生じてこよう。国士舘大学では既存の短大を廃止し21世紀アジア学部といったユニークな学部を設けて対処しているし，静岡産業大学のスポーツマネジメント学科を初め，前述した法政大学のケースで見るように，生き残り策として資金調達を多様化する筋道をつけることは大事である。アメリカでは大学が債券市場を通じて資金調達を図るのが一般化さ

れており，有名私大は格付けを取得するのが当たり前になっている。

一方，変わったところでは大学内にある食堂のメニューを，定食からバイキング方式の食堂に切り替えることによって魅力づくりをするところもでてきている。また，ライフプランを強化するなど，学生の生活設計に関する指導の徹底やファッション化を進めて大学の魅力づくりを行うところもある。

(3) 学校経営者のマーケティング能力

第3は，学校経営者独自の問題である「理事者のマーケティングマネジメント能力」の欠如である。特に理事者を取り囲む利害関係者との教育事業運営に対する認識の違いをどうするか。理事者には経営責任者能力と教育責任者としての両面が求められる。どちらに偏りがでても問題になり，双方のバランス感覚が求められる。

理事者と教員との間で学校経営を巡って意見が分かれる場合が多々ある。特に，理事者が教育責任者としての自覚に欠ける場合に露呈することが多いようである。学校経営者である理事者と教員との調整役を図る機関の存在が不可欠である。

資金提供をする理事者の意見が通り，教育現場が崩壊するというケースもよくある話である。双方に運命共同体としての認識が浸透していなければならない。理事者は学校経営のみを分担し，学問は教員にすべて任せるという独立した機関としての考え方も一理はある。

しかしながら，最も良いのは，双方がそれぞれの立場や機能を調整できる機関を持つことである。ワンマン経営ではなく，民主的に運営できる組織やマネジメントおよびマーケティングが求められている。理事者＝教育者であるという認識が最も理想的である。

やはり，大学は教育を行うことが使命であるから優先順位からすると経営よりも学問を優先させるべきであろう。問題はこういった認識を理事者がよく認知しているかどうかである。資金提供者だけでは大学経営は成り立たない。理事者と教員と学生と父兄および地域社会とのコミュニケーションおよびネットワークづくりが大切なのである。

教育目標や教育理念，教員の質，教育カリキュラム，就職率の内容が良けれ

ば，学生の志願者も増えるはずである。大学経営は金さえあれば永遠なりという訳にはいかない。学校経営者は，こうした点にもっと目配りをする必要があるだろう。

また，「毎日新聞」2003年2月27日付けによると，図表6‐4のように小泉内閣の構造改革特区の最終調整で，株式会社の学校設立「修学機会確保などのセーフティーネットを条件に容認」およびNPOの学校設立「評議員制度や学校経営に必要な財産の保有要件がないことから困難」（何れも文部科学省）がほぼ合意された模様である。

こうした内容を見ても文部科学省が従来の学校経営のあり方に終止符を打ち，新しい試みをしようという意気込みが感じられる。こうした動きは学校経営者である理事者にとって学校経営のあり方を根本的に改善しない限り存続は難しいということを示唆しているようにみえる。

一方，国立大学の独立法人化を図るための「国立大学法人化法案」を公表している。それによると，経営について審議する「経営協議会」を各大学に新設して大学外の委員を過半数置くことや，文部科学省内に評価委員会を設けて，第三者評価を実施するなどが盛り込まれている。法案によると，2004年4月から法人化を目指すとしている。

(4) 教え方をマーケティングする

第4は，「実社会に即，役立つ教員の教え方」の問題である。理論的な学習と合わせて，その応用である実践的教育（例えばケーススタディーとか演習形式のカリキュラム，リカレント教育［recurrent education：一度社会に出た者の学校への再入学を保証し学校教育と社会教育を循環的にシステム化すること］など）を行っているかどうか，こうした教育システムに対応できる教員の質の問題である。

特に，卒業後の進路と直接結びつくような教育指導カリキュラムが大切である。資格試験取得のためのコースや国家試験受験を目途にしたコースなども必要である。例えば，司法試験合格者が一昔前は中央大学が圧倒的に多かったのが，近年では慶應義塾大学や東京大学などに取って代わられつつある。

大学も企業と同じで，昔ながらのブランドにあぐらをかいたり，過信したり

していると思わぬことが起きる場合が多々ある。多彩な教員，特に理論だけではなく実践的な知識を身につけている教員が全教員数の何％を占めているか。アメリカの大学の場合，5人に2人くらいは実際の社会体験を踏んだ有識者が多いということを耳にしたことがある。実学の精神を忘れてはならない。

日本の大学生は，卒業しても英会話すらできないという実態がある。ドイツの大学などでは大抵，大卒なら英会話ができる。これは，日本における英語教育の在り方にかかっているものと思えるが，こうした偏重はすぐに改めなければならない。幼少の時から外国人による生の英会話教育が大切なのである。

こうした傾向は，何も英語教育だけではない。わが国の大学教育を見ていると，学生に考えさせる創造的教育や判断させる能力を磨く教育が行われていない。ほとんどの講義が座学方式であり，学生が課題を与えられ人前でプレゼンテーションするような場面があまりにも少なすぎるような気がする。

学生の中には，自分の将来を見据えた科目の単位を取得するのではなく，卒業に必要な単位が比較的取得しやすい科目や教員を選択するという誤った科目の取り方をしているものがいるのも事実である。

こうした志向に走らないよう，卒業後の進路をガイドするような機関（例えば進路指導室のようなもの）も必要であろう。それも3～4年生から始めるのではなく，入学した時点で判断を進路指導室長や就職指導室長，基礎ゼミの教員などに仰ぐような指導を行うことである。

わが国の学生は，将来にわたって自立できる道を考えさせるような教育を受けていない。これは悲しいことである。入学当初からもっと自立と責任という意識を強烈に植え付けて自分の進路を自分で決めさせるような指導が大切である。

大学を出てから，専門学校へ通ったりしている学生も多く，これでは大学教育の在り方にどこか欠陥があるように見えてしまうのは，筆者だけであろうか。教員の教え方やカリキュラムの編成にもっと目を向けて，実践的に社会で即，役に立つような教育に切り替える必要がある。

単なる知識（hard）の詰め込みではなく，知恵（soft）や知価（haert）に転化できなかったならば何の役にも立たないのである。人生を素敵に生きる知

恵や知価価値をどうやって創造していくか，素敵な暮らしの提案・ノウハウを教え込まなければならない。

　大学教員任期制（大学教員等の任期に関する法律）が1997年に公布されているが，あまり有効に機能していないようである。各大学が自主基準を設けるなどして任期制の趣旨を尊重するような対応姿勢が是非とも必要である。

　学問には自分自身に対する研究の厳しさと第三者評価による厳しさの2つがうまく機能することが大切であり，その責任を他の要因に転化しないことである。教員の自己評価システムの導入が是非とも必要である。

　研究費は使用するが，学会発表はしない，論文は書かない，著作はない，効果の上がる研究はしない教員が存在することも事実である。こういった教員に教わっている学生やその父兄は悲劇である。教授という肩書きにあぐらをかきのうのうと教員生活を送っている者があまりにも多いようにも見うけられる。これでは大学教育は崩壊する。

　自分の持ち味を発揮できず，研究テーマを持っていない教員が大学を崩壊に導く。教員の任期制はこうした事態を阻止するための措置ではないのだろうか。厳しさのない大学教員からは，はっとするようなキーワードはもちろんのこと，刺激のある共感・共鳴心のあるキーワードは伝わってこない。

　自分自身に対する厳しさや危機感の無さ，危機管理の無さが大学を破滅に追い込むのである。教員ひとりひとりが，「私をマーケティングする」という気持ちを持ち続け，その生き方や生き様を通して後姿を見せるという意気込みが大切である。

　山本五十六元帥が言った「やって見せ，言って聴かせて，させてみせ，褒めてやらねば人は動かじ」である。人間（学生）だれもが自分の中に宝石を持っている。すべての人はそれぞれの才能や素質，可能性を持っている。恐れ，ためらい，社会的束縛によってその開花が妨げられているだけである。こうした学生を開花させるのが教員それぞれのマーケティングであり，教育サービスという仕事なのである。

(5) **教育サービス業への認識**

　第5は，大学関係者の「教育サービス業としての認識」である。大学を教育

サービスを売る機関として認識し、学生がただ単にhear（受け身で聞く）ではなくlisten（前向きに主体性をもって聴衆する）し、learn（消極的に与えられて学ぶ）ではなくstudy（自ら主体性を持って探求する）するという一歩前進した教育サービス産業としてとらえる必要がある。

　こういう発想を持って大学独自の個性をマーケティングしていくのである。大学の広報活動の充実も合わせて改革していく必要があるだろう。大学は教育サービスを業とする専門家集団であるという認識が大切である。教育サービスのサービスという言葉にはマーケティング志向に立つという意味合いが込められていることに着眼する必要がある。

　おそらく、教育サービス業という認識は今まであまり持っていなかったのではないだろうか。「少年よ大志を抱け！」とは、クラーク博士の言った名言である。この言葉にはマーケティング的なニュアンスがある。新渡戸稲造はクラークの教え子のひとりであり、国際連盟の事務局次長にまでなった人である。クラークが社会的使命感に燃えて学生達に呼びかけ、彼のミッションを必達し全うした人物であった。

　教育には、クラークが掲げたミッションのように、学生達を奮い立たせるような何かが要求される。これが創立者の精神であり、そのスピリッツに共感共鳴し学生やステークホルダーに奮発力を促すようなコンセプトがなければならない。

　創業者の精神を具現化するためには、大学のミッションやコンセプトを現代の環境に置き換える手続きが必要になる。現代社会においては、教育の場としての大学という考え方と同時に社会教育や生涯学習、公開講座、寄付講座、リカレント教育などの充実を図ることが大切である。

　教育サービス業は、サービスマーケティングに属するマーケティングである。従来の大学が学校から社会へというワンウェイの方向で動いていたのに対し、これからはリカレント教育のような社会から学校へとツーウェイまたはインタラクティブな双方向の教育へと転換させていく必要があるだろう。

(6) **産学官（公）のネットワークづくり**

　第6は、「産・学・官（公）による研究開発ネットワーク構築」をどう進め

ていくかである。このことは大学の地域社会貢献活動ともオーバーラップするきわめて大切で重要な問題である。研究開発分野は大学のカリキュラムとの兼ね合わせになるので，独自のカリキュラム設定との絡みもでてくる。こうした面からもカリキュラムは環境変化に伴って改変される必要がある。

　TLO（Technology Licensing Organization）と呼ばれる大学における研究成果としての特許を民間企業が利用することを可能にするための仲介機関が注目を集めている。この機関は1998年の大学等技術移転促進法に基づいて設立されているものである。

　例えば，東京大学関連の㈱先端科学技術インキュベーションセンター，慶應義塾大学知的資産センター，京都大学および立命館大学関連の関西ティー・エル・オー㈱など様々な形態がある。

　国立大学の独立行政法人化移行（2004年4月予定）に伴い，特許ビジネスが注目され産業界と大学とのネットワーク関係をいかに構築していくかが注目されている。こうした試みは何も科学技術の面だけではなく，広く社会科学や人文科学，自然科学などの面についてもネットワーク化が進み産・学・官（公）の提携と有効活用が行われなければならない。

　今や，大学は単なる学校のカラーや特色だけでなく，地域社会にいかに貢献できるか，地域社会システムに組み込まれたカリキュラムや人材（財）の輩出をも要求されるようになってきた。地域社会に密着したマネジメントやマーケティングが求められている。

(7) 大学の地域社会貢献

　第7は，「大学の地域社会貢献活動」の問題である。経済学部・商学部・経営学部などの社会科学系の学部を構成している大学では，関連する行政機関や区市町村の商工会議所や商工会，商店街振興組合，商工組合連合会を構成する商店街や業界組合などとのまちづくり，商品開発，サービス開発，共同調査・研究活動・情報提供・情報交換，生涯教育・ITなどの公開講座などによる地域社会に開かれた教育機会や社会貢献が考えられる。

　静岡産業大学で行っている地元企業による「寄付講座（ヤマハ発動機，磐田信用金庫，磐田市，SBS情報システム，浜松ホトニクスなど）」や就業体験

（インターンシップ），企業見学，学外講師などによる特別講演を通じて学生が講義・ゼミで学ぶ学問と実社会との有機的関連性を強めるのが目的の「社会実践講座」などは評価できる試みであるといえよう。

また，ジュビロ磐田の本拠地でもありサッカー競技などスポーツの強みを活かした「スポーツマネジメントコース」を経営学部の中に設けて特色あるカリキュラムを組んでいるのも新しい試みだといえる。ジュビロなどから幅広い講師陣を迎え入れて実践的なスポーツ心理学やスポーツ文化論，スポーツ社会学，スポーツマネジメント論，スポーツ指導論，トレーニング科学，運動健康論，スポーツ医学，健康管理論，スポーツとヘルスケア，健康とスポーツ，スポーツ地域論，スポーツ産業論，スポーツと情報，スポーツメディア論といった専門科目を関連する科目と併修する。

こうした試みは，地域社会と共に二人三脚でこだわりのある人材（財）を育てていく有益な地域社会貢献できるカリキュラムとして注目に値する。余暇時間の増大や高齢化社会の到来とともに社会体育学が導入され健康で快適な余暇活動のニーズは高い。

スポーツマネジメントコースで必要科目を履修し，日本体育会に申請することにより地域スポーツ指導者（スポーツ指導員）C・B級や競技力向上指導者コーチC級など㈶日本体育協会公認資格が取れるのも強みである。

一方，茨城県の茨城大学，筑波大学，流通経済大学，茨城キリスト教大学など7つの大学では，大学と県内の高校との提携，つまり高・大学の提携により大学を開放し正規の大学生と一緒に，将来の進路に繋がる聴きたい科目を修了した高校生には，高校の単位を与える（大学によって対応が異なっている）という試みを2003年4月より行っている。首都圏での7大学と高校との提携は初めてである（2003年2月24日，NHKTV）。こうした大学と高校の提携も大学が生き残るための1つの知恵であろう。

さらに，地元地域社会に貢献する意味合いから，「地域総合科学科」を設ける動きも出始めている。地域社会に貢献できる学科を開設することは，大いに意味がある試みであろう。地域総合科学科という学科名も真新しい響きがありとても新鮮な雰囲気がある。こうした地域社会との繋がりを大いに強化して生

き残りをかけて欲しいものである（「毎日新聞」2003年1月20日）。

(8) 大学のマーケティング評価

　第8は，「大学の評価システムの構築」である。これは21世紀の大学にふさわしいカリキュラムや教員の質，教育内容などに対する学生や教員相互間などによる第三者評価基準を設けて，質の高い21世紀社会にふさわしい人間教育を創造しているかどうかを厳しくチェックするシステムを導入するということに他ならない。

　文部科学省から補助金をもらっている関係で渋々カリキュラムの編成や教育内容に対する評価システムを構築するという消極的な対応ではなく，大学が掲げるミッションやユニバーシティーアイデンティティー，および育てる人材（財）育成に沿った自主評価基準を積極的に掲げるのでなければ意味がない。

　自主的評価基準は，理事者・教員（非常勤教員を含む）・学生・父兄・地域社会・行政などが参画して第三者が納得のいくような基準に基づく評価であることが望ましい。回数はできれば前期および後期の年2回程度実施することが望まれよう。

　問題は回数ではなく大学が目標としている人材（財）育成が必達されるような内容の伴った評価項目である。自主評価もやりっぱなしにせず，必ず議論する場面を設けることである。お互いによい意味で牽制ができるシステムを構築することが何よりも大切である。

3　協同組合のマーケティング戦略

1　コープマーケティングの特徴

　協同組合，企業組合，労働組合などは，公益法人や営利法人の中間に属するいわば中間法人といわれる。ここでは地域消費生活協同組合（CO-OP：生協）や農業協同組合などの事業協同組合のマーケティング戦略について論述することにする。

　『広辞苑』によれば，「協同組合とは消費者大衆・農民・中小企業者などが，各自の生活または事業の改善のための協同事業を行う組織。消費者組合と生産

者組合とに大別される。地域消費生活協同組合・農業協同組合・事業協同組合」などとある。

　一口に生協といっても，生協を支える階層によって地域消費生協，職域生協，学校生協などの種類がある。ここではそのなかでも最も多い地域消費生活協同組合におけるマーケティング戦略について考察していくことにする。

　いうまでもなく，生協は地域消費生活者の連帯組織であるといえる。組合員は消費者であり，もっと広範囲な意味合いを持つ生活者である。地域消費生活者の代表が協同組合事業の組織管理運営を行う。もちろん，組合員から委託・受託を受けて行うことができる。

　生協が行っている主たる活動の中心は，食料品（約70％以上を占める）など日常品・恒常品の共同購入および店舗供給である。共同購入を支えているものは，「班（はん）」という名の共同購入システムである。5名から10名くらいを1グループにして，予約注文を取り当番になる組合員に商品を届けて，それを各組合員に小分けするというシステムである。

　こうした独自の共同購入システムが，効を奏した背景には安価に商品仕入れを行うことができるということだけではなく，環境にやさしく健康的で安全な食品や安心できる商品，ベストクォリティーの商品がこうしたシステムで供給できるという商品コンセプトがあったのである。

　つまり，地域消費生活者に代わって安全で安心できる良質の食品を組合員にお届けするという「商品のこだわり」である。地域消費生活者である組合員の安心生活第一主義を貫いたことが共同購入の大きな伸びに繋がった。

　とりわけ，安全性を重視した独自のCO-OP商品というプライベートブランド（private bland）[15]を開発し，組合員に安心感を植えつけたのが大きい。生協の商品を見ると安心して購入できるという感覚を組合員自身が持ったのである。

　事実，生協神奈川ゆめコープに行ってみても，食品添加物や農薬などを使用していない食品や減量してあるという商品表示がしてあるものが多いことに気がつく。こうした，組合員サイドにたった安全で健康的な商品供給システムが共同購入による売り上げを伸長させていったという経緯がある。

2　コープ商品の基本コンセプトと商品政策

　コープ商品の基本コンセプトは，①商標主義，管理価格の打破，②家計を守る低価格主義，③優良な品質，適正仕様による商品価値の改革，④有害物質の排除と不当表示の是正などである[16]。こういった組合員の利益を最優先しているところが一般の食品スーパーとは異なる。

　ただ安い商品供給をするだけなら，大手スーパーや食品スーパーに負けてしまったであろう。生協が伸びた背景には社会的弱者である組合員の生活環境や健康，味の良さを第一に考え，安心してもらうというサービスを商品に付け加えパックにして商品供給をしていたからである。こうした生協の商品に対する関心がにわかに高まって組合員数が飛躍的に増大していったのである。

　しかしながら，「班」による共同購入活動にもかげりが生じてきている。現に下馬生協など先駆的な生協がバブル崩壊後大幅な赤字に見まわれるなど，生協債の発行を余儀なくされたところもあり，生協自体のあり方に問題が生じてきているのも事実である。

　生協が大切にしていた独自のコンセプトを他のスーパーが取り入れたということやバブル崩壊後の長びく不況，消費者のブランド商品に対する飽きや魅力の無さなどのせいもあったかもしれない。大きくいえば社会環境が変わってきたというのが本音であろう。

　大きかったのは，生協の食の安全性や食の品質管理による商品差別化戦略の一端を大手スーパーなどが見抜いて，競争戦略を強化してきたという事実がある。少子高齢化社会の到来とともに特に食に対する関心が高まり，顧客が大手スーパーなどに分散していったという背景もある。

　もちろん，生協が抱える内部的な問題も生じてきた。例えば，組合員の高齢化や女性の社会進出・職場進出によって「班」活動そのものが崩壊していったということも起因しているだろう。特に現在の若い世代の人たちには生協に対する関心が薄らいできていることも事実である。

　つまり，端的にいえば外部環境の変化に生協の組織そのものが対応できなくなってきているということである。組織が肥大化していくにしたがって，官僚的な組織体制に陥り組織疲労が目立つようになり，一般的なスーパーと何ら変

わらないようなスタイルになってしまった感がある。こうしたときは原点に立ち返らなければならない。

　店舗供給の方法も，農協ほどではないが大型化したところもあれば，旅行代理店や結婚式場，葬祭サービス，個人宅配，通信販売，カタログ販売などへと多角化したところもある。コープこうべのように，供給事業の柱となる店舗を6業態（①コープ→食品を中心に生活必需品を品揃えしたスーパーマーケット，②コープミニ→生鮮食品を中心にした朝9時から夜10時までのミニスーパー，③コープホームセンター→規模の大きいDIY関連ホームセンター，④コープリビングセンター→インテリア・ホームセンター・ハウジング・看護や介護用品を併設した住まいと暮らしの総合提案センター，⑤シーア→フロアごとにテーマを設けた生協型の生活提案百貨店，⑥コープディス→生鮮食品から家庭用品，衣料品など豊富に取りそろえたスケールの大きい売り場が特徴の店舗）掲げたところもある[17]。こうせざるを得ないような背景があったにしても，何にでも手を出すというのは生協本来のコンセプトに反するのではないだろうか。

　こうした戦略的マーケティングが悪いというのではない。生協らしいマーケティング戦略というのがあっても何らおかしくはないのである。生協とマーケティングはあまり結びつかないというのが大方の見方であろう。

　地域消費生活者の代表が組織運営を行っていれば当然にマネジメントも，マーケティングも疎遠になってしまうであろう。しかしながら，生協が非営利組織体である以上，マネジメントは存在するしマーケティングも存在する。では，どのようなマネジメントでありマーケティングが存在するのであろうか。

3　ディ-マーケティングの実践

　まず，マネジメントの概念についてである。生協の組織は基本的に組合員と組合員から委託を受け組合員を代行して職務，つまりマネジメントを行う専門家集団である専従職員とに二分される。生協のような非営利組織体においても組織が存在する限りにおいてマネジメントは存在し機能しなければならない。このマネジメントを組合員に代わって代行する機関が専門家集団である専従職員の仕事である。

ただし，この専従職員はあくまで組合員から受託・委託を受けているという認識を強く持つ必要があり，営利組織である会社・企業における単なる利益追求型のマネジメントとは性格を異にする。
　具体的には，組合員から受託・委託を受けているという委託関係性を常に大切にし，組合員の不利益になるような取引関係性はいかに利益・利潤があがり儲けになるからといっても，こうした商品は仕入れないし販売しないという基本原則がある。つまり，生協のマネジメントには組合員との信頼関係やマネジメントにおける高潔性が利益や利潤よりも優先するのである。
　このことは，1960年代にアメリカのマーケティング学者であるコトラーなどが提唱している生協および協同組合のマーケティングコンセプトである「ディ-マーケティング（de-marketing）」の発想によるところが大きい。de-marketingのdeとは，marketingの接頭辞であり，離去，除去，低下，反対，否定，元のものから離れるという意味がある。
　つまり，日本大学の梅沢昌太郎教授が指摘しているように「マーケティングを否定することをマーケティングする」という相互に矛盾する特色を多かれ少なかれ保持しているといえよう。この現状否定からの発想が企業組織のマーケティングとは根本的に異なる点であると指摘している。そして梅沢氏はこうしたマーケティングを「売らないマーケティング」という言い方をしている[18]。
　いってみれば，生協などの協同組合のマーケティングは，組合員の意向を踏まえつつ非企業的な現状否定のマーケティングからスタートしながら企業的なマネジメントやマーケティングを行うという「売るためのマーケティング」側面を保持している。このことは，マッカーシーの４Ｐによるマーケティングミックスの励行をしながら，一方では組合員のニーズに合わない商品は利益に繋がっても取り扱わないという現状否定のマーケティングとの統合化をしたマーケティングを展開しなければならないという矛盾する二面性を持っているといえよう。
　特に，後者の発想が欠落していては「ディ-マーケティング」とはいえないのである。まさに「売らないマーケティング」と「売るマーケティング」との間に立たされているのが生協などの非営利組織体のマーケティングの特徴であ

るといえるだろう。

　組合員の不利益に繋がるような商品はいかに利益があるかといって販売しないという「売らないマーケティング」を行うに際して重要な機能を保持しているのは，マーケティング監査機能である。

　特に，商品検査機能は環境や農薬，食品添加物等々の安全性や，いかがわしい商品をチェックするという機能を保持している。男性と比較して日用品を数多く購入する女性の目効きを活かして商品検査機能にオピニオンリーダー層としての女性マネジャーを起用することの大切さが指摘される。

　女性ならではの生活感覚と現実を直視した鋭い目を生協の組織，特に商品検査機能のなかにきちっと配備したいものである。生協の組織が肥大化していくなかで，ともすると男性を中心とした官僚的組織に陥りがちな面が今の生協にないわけでもない。生協の原点に立ち返って女性の見る目をきちんとマネジメントのなかに導入すべきである。

4　ディ-マーケティングの監査

　一般組合員から見ても，組合員が不利益を被るような商品やサービスを受け入れることのないよう，商品検査および商品表示の商品監査機能の徹底を図る必要がある。具体的には，商品検査，品質検査，品質管理，賞味期間・添加物・農薬などの表示，商品開発，食生活提案，テストキッチン，環境保護への取り組みと提案などの商品監査機能やディ-マーケティングになっているかどうかの監査機能も含めて，組合員の正義のための非営利組織体が地域生協の協同組合である。

　こうした伝統的なミッションを忘却した組織やマネジメントおよびマーケティングが行われるならば，大手スーパーやただ単に低価格を追求する食品スーパーのマネジメントやマーケティングと同じになってしまうのである。こうした事態はどうしても避けなければならない。

　組合員の組合員による組合員のための良識と善意，見識を保持した組織運営やマネジメントおよびマーケティングを展開していくことこそ，地域生協に課せられた社会的使命なのである。

前述したように,「ディ-マーケティング」および「ディ-マーケティング監査」を初めて提唱したのはコトラーとレビイ (S. J. Levy) である。彼らは,「創造的ディ-マーケティング (creative de-marketing)」を提唱し, 過剰な需要はかえって事業体の経営に悪影響を及ぼすとして, 過剰な需要を抑制するという消極的なマーケティングを主張しているのである[19]。

彼らは, 需要を抑制し減退させるが販売しないとはいっておらず, 需要抑制のために売り方を変えることを提唱している。その意味では協同組合におけるディ-マーケティングは, 商品検査などで否定された商品は販売しないという消極的な売らないコンセプトを保持したマーケティングを主張しているといってよいだろう。

5 コープマーケティングの留意点
(1) コーププライベートブランドの強み

では, 最後に筆者が生活協同組合神奈川ゆめコープの一組合員という立場から今後の生協のマーケティング活動に関する留意点および見解を論述することにする。基本的には前述したディ-マーケティングの論理が根底にあることに変わるものではない。この基本コンセプトを前提条件にしながら若干のコメントを付け加えたい。

第1に生協の商品の特徴は, 何といっても CO-OP ブランド商品の強みである。これは推測であるが, 全商品の10分の1くらいはあるのではないだろうか。コープブランドの商品にはやはり安心して購入できるという安堵感があるし, 値段もそれほど高くはないという印象がある。プライベートブランド志向のマーケティングの強みである。

プライベートブランドの商品が多いということは, 組合員のニーズやウォンツ, 意向を重視し, ディ-マーケティングを基本原則にしている現れでもある。生協の組合員ニーズに対するこだわりである。組合員に食の安全性や品質・味のクォリティーを認知してもらい組合員数の増加を図ることもできる。ただし, 商品によってはマンネリ化している商品がないでもない。

商品検査や商品表示の機能と相俟って独自の新商品開発が望まれる。ミネラ

ルを多く含んだ天然の塩やミネラルウォーター，産地指定による有機野菜や果実の提供，食品添加物や農薬を控えた加工食品など，取り組むべき課題は多い。

また，地域生産者との提携による生産者名の表示や使用農薬の表示なども組合員に喜ばれ信頼関係を構築する要因になっている。価格的にはやや高額になるが，あえてこういう類の商品を置くことによって生協独自の商品コンセプトをアピールすることができる。経済性を重要視するか安全性を重視するかの選択は，組合員自身が行うのである。

安全性重視の有機野菜などのコーナーの開設は，他の食品スーパー等との差別化戦略としても大いに結構ではないかと思われる。食の安全性や味のクォリティーを最重要視したディ-マーケティングの評価は，こうした食品がどのくらいあり，組合員が関心を持って購入し消費するかどうかにかかっている。

(2) **価格戦略**

第2は，商品価格の問題である。生協ファンは高額であっても安全性を最重要視した買い物を心がけているようである。もちろん，こうした安全性の高い商品を安価に供給できることに越したことはないが，農薬や化学肥料を抑えた有機農法による野菜や果物の生産にかかるコストは小さくはなく，どうしても人件費などの手間ひまがかかるのである。生産性が上がらないという生産者農家の経営上の悩みや問題も露呈する。

ただし，最近では他の食品スーパーが食の安全性や健康を意識した健康食品を取り扱うケースも目立ってきており，競合関係にあるという実態がある。生協がこれから行わなければならないことは，全商品に生産者名はもちろん，食品添加物，農薬，生産に使用した肥料の内容，賞味期限，誇大広告の排除，正しい食生活提案の知識など，弱者の立場を代弁できるような商品供給を率先して行わなければならないという社会的使命感を保持し実行することである。

これができるのが地域生活者の連帯組織である協同組合である。生協の原点に立ち返って他の大手スーパーや食品スーパーとは異なったマネジメントやマーケティング戦略を展開してもらいたいものである。

ただ単に利益・利潤を追求する一般のスーパーと同様に，金儲け主義に走ってしまうようだと生協は存立基盤を失うことになるだろう。価格と規模，品揃

えの競争を行うと大手スーパーやディスカウントの食品スーパーに負けてしまう。金儲け主義の横行が日本をダメにしてしまうということは，バブル崩壊を見れば一目瞭然である。あくまでも，オリジナルの生協ブランドや食味・味覚の開発，品質，技術，健康，安全性をキーコンセプトにした差別化戦略，マーケティングの展開を心がけて財務内容の充実を図るべきである。右向け右方式の過度の競争原理主義は生協のみらず日本の経済界を混乱させ崩壊させる。

マネジメントやマーケティングの鉾先を他の食品スーパーに合わせるのではなく，常に組合員にシフトすることを心がけなければならない。あくまでも，組合員の利益を優先させるような管理運営を行う必要がある。低価格で薄利多売の競争原理主義の食品スーパーの物まねだけは絶対に避けたいものである。

(3) 強力なバイイングパワー形成

第3は，生協が消費者・組合員の強力な購買代理人になるための，強力で骨太のバイイングパワー（buying power）を形成できるかどうかという問題である。この強力なバイイングパワーを構築できる領域こそ生協独自の商品検査機能の充実であり，商品表示（食品の自主表示基準）機能の充実である。

そして商品開発に消費者の購買代理人としての意見を十分に反映させ，組合員に喜ばれ賞賛され賛同されるような事業組織を構築していくことが大切である。組合員である消費生活者の購買代理人となるためには，「ディ-マーケティング」のコンセプトを忠実に実行していかなければならない。

ライフデザイナー（life designer）としての消費生活者・組合員という認識を持ち，彼らを囲い込んで高潔で大きな社会的正義の一大消費集団を形成し，メーカーや大手チェーンスーパーのバイイングパワーに負けないような流通チャネルキャプテンになることができれば，生協の存在意義は大きなパワーとなって表面化する。全国の生協が良識と善なる行為行動をベースにした組合員ミッションを共有し，ディ-マーケティングを目途にして一致団結，大同団結したとき生協の社会的使命は必達される。

第4は，組合員の声を聞くという「聴く耳を持つマーケティングに徹する」ということである。実際に共同仕入れやマネジメントを担当しているプロの委託職員が，組合員の意見に hear ではなく，listen するという気構えを持ち消

費生活者利益，組合員利益を最重要視できるようなシステムを構築していくことが望まれる。

そのためには，内外の情報開示や各種各様の組合員アンケートの実施（生協神奈川ゆめコープでは事業運営部が個人宅配カタログのアンケートなどを実施），組合員からの苦情・クレーム処理，決算数字の監査と公開，マーケティングやマネジメントに関する監査の指摘，生協のミッションの見直しなどさまざまな角度からの検討がなされなければならない。

(4) マーケティングプロモーションの実践

第5は，マーケティングプロモーションである。これはいわば，生協の広報活動と販売促進活動の展開である。特に生協は消費者である弱者の立場からのメッセージを代弁するという機能を広報活動を通じて広く深く地域社会に伝播させるという機能を保持していかなければならない。インターネットを含むマスコミ5媒体で採り上げられるなど広報活動をさらに強化していく必要があると思われる。

これと並行して，生協神奈川ゆめコープで行われている値引き販売や特売などとセットになったポイントカード（2000円以上お買い上げの方のポイント5倍デーなど）や売り出し，個人宅配（pal system）およびカタログ（健康やゆとりを考えるための暮らしの情報誌「kinari：きなり」），創業祭，各種のイベント，組合員に対する情報提供などを通じて地域社会と一体となったリレーションシップマーケティング，インタラクティブコミュニケーション（intaractive communication）[20]を怠らないことである。

常に生協は地域消費生活者・組合員の立場を代弁し，メッセージを広く深く地域社会に投げかけて，多くの住民に愛され共感共鳴心を得るような地域社会運動の先駆者的な存在にならなければならない。生協におけるディ-マーケティングのコンセプトがこれを可能にする。

[注]
1) 社会事業家，民生委員を指す言葉である。本来，医療機関と地域の保険福祉機関は連携し患者・障害者の心と暮らしを支えるソーシャルワーカーが必要であった。ソーシャルワーカーの国家資格は社会福祉士として制度化されており，その活

動は福祉分野に限られ保健医療分野は含まれない。社会福祉士の場合は受験資格に福祉施設での実務経験が必要であり，保健・医療機関働くソーシャルワーカーは受験することが難しい。そのため精神保健福祉士が1998年4月の精神保健福祉法によって資格化された。しかし，いずれも福祉の専門職のソーシャルワーカーであり，区別などないという見解もある。

2) 互いに助け合う互助精神のことをいう。クロポトキン（P. A. Kropotkin）がダーウィン（C. Darwin）の生存競争説に反対して主張した学説。生物と社会との進化は生存競争や闘争によるのではなく，自発的に助け合うことによるという精神のことを指していう。

3) ドン・ペパーズ（D. Peppers）およびマーサ・ロジャース（M. Rogers）によれば，ワントゥーワンマーケティングとは，情報テクノロジーの発展により，顧客「1人1人」を把握し彼らと一対一で対話を続け，その仕様に従ってカスタマイズした製品・サービスを提供することが可能なマーケティングを指していう。ある時点で1つの製品やサービスに集中し，なるべく多くの顧客にそれを売ろうとする代わりに，ある時点で1人の顧客に集中して，可能な限りの製品・サービスを販売し生涯を通じた愛顧を得ることを目的とする。リレーションシップマーケティングが洗練されたものである（D. ペパーズ，M. ロジャーズ，井関利明監訳，ベルシステム24訳『One to One マーケティング』ダイヤモンド社，1997年，p. ii）。

4) 1998年3月に成立し12月から施行されたNPO法（特定非営利活動促進法）による認証を受けた法人であり，保健・医療・福祉・まちづくり・環境保全など17項目にわたる。政治活動や宗教活動については制約がある。認証は知事が行い2つ以上の都道府県にある場合は内閣総理大臣が行う。

5) 少子高齢化社会の到来を受けて介護の社会化が急速に強まってきた。このため1997年12月に介護保険法が制定され，2000年4月に施行された。訪問介護などの在宅サービスや介護保険施設などによる介護サービスを行う制度であり，ドイツに次いで2番目の公的介護保険である。

6) ケアマネジャーとは，介護支援専門員のことをいい介護保険制度において，①要介護・要支援の認定を受けた人に必要なサービスの提供計画である介護サービス計画（ケアプラン）の作成，②そのための個別ニーズを評価する課題分析（アセスメント），③サービス計画に即したサービス提供の実施，④実施後のサービス提供の管理（モニタリング）とニーズの再評価などを担当する。指定居宅介護支援事業者，および特別養護老人ホームなどの介護保険施設に配置される。2001年4月現在で約5万8000人が配置されている。

7) P. F. ドラッカー，上田惇生訳，ダイヤモンド・ハーバード・ビジネス編集部編『P. F. ドラッカー経営論集』ダイヤモンド社，1998年，p.96。

8) 山内直人『NPO入門』日本経済新聞社，1999年，p.99。

9) 寄付やボランティアなど，NPOにとっては会計上無償であっても，社会的に見ればタダではなく，相応の機会費用がかかっているものと見なすことを指していう。資源がある用途の代わりに別の用途に使われる場合に失われる機会費用という意味である。つまり，もし寄付されていなければ，別の用途に使われたはずであり，別の用途に使用できなかったという機会費用がかかっているものと見なすのである。

10) NPOにおいては，収益事業を行ってはならないという規定はない。しかしながら，収益事業によって得た収益は，事業活動に再投資しなければならず収益の

分配は認められない。

11) 福祉経営（social welfare management）とは，社会福祉法人などの経営を指していう。非営利組織体であっても組織が存在する以上，マネジメントは必要であり機能することに鑑みて命名したものである。経営理念を基礎にしたミッションを組織の基軸にした効率的なミッションマネジメントを行う必要がある。

12) ヒューマンネットワークシステムとは，人間性および人間の尊厳を大切にしていくネットワークを地域社会に広め，思いやりのある愛の輪を拡げていくハートウェア志向のシステム化社会を指してこう命名したものである。

13) リスク＆クライシスマネジメント（risk & crisis management）とは，学校法人などの事業組織における危機管理のことを総称していう言葉である。日本人は危機管理意識が低いということがよくいわれる。島国根性とか，単一民族といった日本独特の文化が背景にあるものと考えられる。マネジメントやマーケティングの世界においても，危機管理意識の無さから経営が逼迫するという現象が起きている。

14) 独立行政法人とは，行政のスリム化を図るために各省庁の政策立案部門は残すが，業務部門は切り離し独立した法人格を与えるという考え方によって設けられた新しいタイプの法人のことをいう。1998年の中央省庁等改革基本法において正式に決定された。2001年4月現在で57の独立行政法人が発足している。

15) プライベートブランドとは，一般的に大手メーカーのナショナルブランドに対するブランドのことをいい，小売業者が自社の新商品開発力の強みを活かして創り上げた「商標」のことを指していう。この他のブランドにデザイナーズブランド，ノーブランドなどがある。

16) 梅沢昌太郎『新版非営利・公共事業のマーケティング』白桃書房，1995年，p.168。

17) 同上書，p.129。

18) 同上書，p.120。

19) 同上書，pp.137-138。

20) 本来的にはIT用語である。インタラクティブコミュニケーションとは，双方向のコミュニケーションのことを指していう。顧客と店舗との円滑なコミュニケーション活動を構築することが，小売業の売り上げを左右することからこう命名した。ツーウェイコミュニケーション（two way communication）ともいい，ワンウェイコミュニケーション（one way communication）に対する言葉である。

第7章

非営利組織体の形態別マーケティングⅡ

1 地方自治体のマーケティング戦略

1 東京におけるビジョンの時代的背景

　地方自治体は広義の意味で非営利組織体に包含され，都道府県，区市町村などに分けられる。こうした地方公共団体にも最近，企業におけるマネジメントやマーケティングの手法が部分的ではあるが取り入れられつつある。規制緩和や行政改革，構造改革が国家レベルで進展していくなか，こうした動きは地方自治体にも波及効果として現れ伝播してきている。

　地方自治体におけるマーケティングマネジメント手法の導入は，自治体行政の失敗の排除，税金のムダ使いの排除，有機的かつ効率的で迅速な行政の対応，地域住民のニーズ，ウォンツに十分に応える地方自治体制の強化，国家という機関では時間がかかりすぎてなしえない各種自治体独自の行政手腕の発揮と国家に先がけたけシミュレーション等々，実験的モデルケースを立ち上げる可能性を秘めている。石原慎太郎東京都知事が知事になった背景の1つにこうした試みがある。

　東京都は2000（平成12）年9月に「東京構想2000（仮称）」の中間報告を公表した。これは大都市東京といういわゆる都市が抱える現状および問題点を踏まえ，来るべき21世紀に向けての将来像（概ね15年後）を提言しているものであり，そのモデル的要素が広範囲に包含されており極めて重要な意義があるので，その中からミッションに関連する要旨部分の抜粋を掲載することにした。

　報告では，①東京を巡る長期的展望と今後15年の課題，②目指すべき東京の

将来像，③15年間の政策の目標と取り組みの方向性，④誰もが創造力を発揮できる東京，⑤都民が安心して生活できる東京，といった5つのカテゴリーに分かれている。

先ず，今後15年の課題として次の9項目が挙げられている。①高齢者の急増への対応，②子供を産み育てやすい環境の整備，③人口減少における活力の維持，④労働力人口の質的変化と長期的減少への対応，⑤世界中の人やモノ，情報などが行き交う国際都市東京の実現，⑥東京の都市構造の転換，⑦急速に進む情報ネットワーク社会への積極的な対応，⑧環境面からの課題の克服と持続可能な社会の実現，⑨老後の生活を支える年金制度の改革である。東京都ではこれらの課題を受けて次のような将来像（抜粋）を描いている[1]。

2 目指すべき東京の将来像

(1) 新たな社会システムの構築

21世紀前半の東京を展望すると，人口の減少や国際競争の激化による経済的活力の低下などが懸念されており，これまでの社会システムでは，今後の社会経済の変化に適切に対応していくことができない。

2015年までに，団塊の世代が65歳以上となって大量に職場から退くため，労働力不足が懸念されることから，この15年は社会経済の変化に対応した新たな社会システムを構築する最も重要な時期であり，この機会を失うことのないよう取り組んでいく必要がある。新たな社会システム構築に当たっては，以下の理念を基本とすべきである。

① 自己の責任に基づいた多様な選択が可能になるよう様々な条件を整え，経済的な豊かさだけではなく，年齢にとらわれないリカレント型のライフスタイルの選択や社会的貢献が円滑に行われるような，「新しい豊かさ」を重視する社会を築いていく。

② 個人，企業，団体等各主体が，持てる能力を最大限発揮できるシステム構築を目指す。すなわち，結果の平等ではなく，積極的な挑戦を促す機会の平等とその成果を正当に評価するという「新しい公正の原理」を重視する社会を築いていく。

そのためには，個人や企業がたとえ挑戦に失敗した場合でも，致命的事態に陥らないようにセーフティーネットを構築しておくことも必要である。
③　その上で，個人や団体等の努力が社会の発展に結びつくとともに，社会が生み出す成果が人々の生活の充実に活かされる，いわば「個人と社会の発展的相乗関係」を重視していく。そのためには，あらかじめ守るべきルールと責任を明示することで個人の権利と責任とのバランスを図ること。
①多様な意見を調整するため，透明性の高い手続きを重視した新しい合意形成の仕組みを作ること，②土地収用の新しいルールを作るなど，私益と公共の福祉との調整を図ること，③さらには，個人の積極的な社会貢献を促進すること，などにより，自立した個人と社会との関係を調整し，公私のバランスのとれた社会を築いていくことが必要である。

(2)　新しい東京の生活像
❶　多様な生き方が実現できる社会
　個人がそれぞれの価値観に基づく自由な選択と決定を行い，その個性と能力を十分発揮できる社会を創っていく。そのためには，次のような社会が実現されていなければならない。
　〇人々が個性を生かし能力を十分に発揮できる社会，〇個人が能力を発揮するに当たって，それを阻害する不合理な制約がない社会，〇社会貢献やボランティア活動が高く評価される社会，〇病気にかかったり介護が必要になるなど，自助努力だけでは対応できない場合に安心して生活できるセーフティーネットが整備されている社会。
❷　新東京人：2015年の東京を担う「新東京人」
　〇自らが選んだ分野において高い使命感を持って行動し，社会に貢献できる人，〇公共の福祉と個人の利益との調和を常に考え，個人の義務や責任を自覚して行動できる人，〇どんな生き方をしたいという「ライフビジョン」と，どんな働き方をしたいかという「キャリアビジョン」を持ち，自ら望む生き方を実現させている人，〇わが国や外国の文化・伝統を尊重し日本人としての誇りやアイデンティティーを持って国際的視野に立ち行動できる人。

(3) 求められる将来の都市像

　東京圏の骨格的な都市構造（環状メガロポリス構造）の実現により，東京圏の都市の魅力と活力を向上させるために，東京圏に無秩序に広がっている市街地を再編・整備し，東京圏の骨格的な都市構造を実現する。この骨格的な都市構造は，環状方向の都市と都市との結びつきを重視して交通網の整備等を進め，東京圏の発展を図ることを目指すものである。

❶　望ましい都市像の実現に向けて

　望ましい都市像の実現をするためには，都市像を描くだけでなく，その都市像を具体化する方策を示し，目標達成に向けて都民や民間業者，NPOや自治体など都市づくりに関わる様々な主体の取り組みを誘導していくことが重要である。

❷　都市づくりのための新たなルールづくり

　東京の都市空間は経済活動や居住の場として高い価値を持つ高密度な空間であり，希少性が高いため都民共有の財産として有効に使っていかなければならない。そうした東京の都市空間の有限性と公共性を十分に踏まえて都市づくりに向けて合意形成を進め，事業を実施するための新たなルール，例えば総合環境アセスメント制度などの新たな評価制度の導入を図っていく。

❸　9つのエリアの特性と将来像

　〇センター・コア・エリア→日本の政治・経済・文化を牽引する原動力たる「首都心」

　◇都心→都市の風格を継承しにぎわいにあふれた国際ビジネスセンター

　◇下町→江戸の歴史・文化と新たな発展の調和した様々な時代息づく空間

　◇西部副都心一帯→職・遊・学・住の集積と多様性にあふれた東京のおもちゃ箱

　〇臨海→東京再生のリーディングエリアである躍動的な水辺空間，世界との交流拠点（特にアジアの経済・文化・技術の交流拠点）

　〇区部西部・南部→住とにぎわいの相乗効果による大人の文化香る成熟した空間

　〇区部東部・北部→うるおいのある豊かな水辺を背景に住と工の織りなす活

力あふれる空間
- ◯多摩東部→武蔵野の緑の中，コンパクトで活力あるまちが競演し発信する空間
- ◯多摩中央部北→豊かな自然と先端技術産業の調和した創造的な空間
- ◯多摩中央部南→多様な魅力を背景に産学公の連携をはじめ人・モノ・情報の交流する空間
- ◯多摩西部→環境保全や憩いなど多様な役割を担う都民の共有財産たる豊かな森林と清流の地
- ◯島嶼→海洋の豊かな自然や特産物など島独特の個性や文化の発信地

3 誰もが創造力を発揮できる東京

(1) 職と住のバランスのとれた，ゆとりある都市を実現する。

【将来ビジョン】

① 高度経済成長期やバブル経済期を通じて無秩序に拡大した市街地の更新・再編をしながら，職住近接を図り魅力ある都市空間を創出する。

② センター・コア・エリアにおける居住機能の強化，多摩地域における多様な就業の場の創出などに取り組むことにより，ゆとりある都市生活を実現する。

③ 都心部の利便性を享受したい人，豊かな自然環境の中で空間と時間のゆとりを楽しみたい人などが，それぞれのライフスタイルに対応した居住・生活環境を選択することにより，1人1人が可処分時間を自己実現に活用しながら生活していく。

(2) 人・モノ・情報の流れを円滑にし，東京を利便性の高い都市とする

東京圏を視野に入れた交通基盤・情報発信基盤の機能的な配置やそれらの効果的連携により，慢性的な渋滞や通勤混雑を解消するとともに，情報化や国際化の進展により増大する人やモノ，情報の流れの速達性・利便性を向上させる。これにより経済活動を効率化し，国際競争力の高い活力と魅力のある東京を実現する。

① 首都圏3環状道路を始めとする都市の骨格をなす道路ネットワークの整

備促進により，渋滞解消を始め環境改善や防災機能の向上，地域間の連携強化，地域の潜在力向上など，東京圏全体の活力を支える望ましい都市構造を実現する。
② 公共交通のさらなる利便性向上と自動車交通需要の抑制により，都心部等の交通を円滑化する。
③ 錯綜する都市内物流を製序化するとともに，空港・港湾など東京圏における重要な物流拠点の利便性向上により，効率的な物流を実現する。
④ 首都圏の航空機能の充実により，増大する航空需要に対応する。
⑤ 民間事業者による情報通信基盤の整備促進により，情報通信を利用しやすいものにする。

(3) 自然や文化が豊かに育まれるまちとする
【将来ビジョン】
　東京には武蔵野の雑木林，水運を担った水路，浅草や谷中などに存在する伝統文化と家並みなど，自然が存在し江戸時代から文化が根づいている。東京の魅力を高めるため，このような蓄積を活かしつつ，東京を都民の誇りと愛着の持てる都市にしていく。
① 都市のなかに連担した水や緑の軸を形成するとともに，身近に緑を回復することで，チョウやトンボなどが生息できるようにする。
② 東京の歴史と文化を再評価し，新たな文化の創造を促進する。このため都民による文化の創造を支援するとともに，都の文化施設の有効利用を図る。
③ 東京の自然や歴史・文化を大切にした都市景観を創出し，東京らしさが感じられるまちを形成する。

(4) 個性豊かで能力に富んだ人材を育成する
【将来ビジョン】
　若者が個性や能力を伸ばし，それを社会において存分に発揮することで，1人1人の夢や希望が叶い，社会の活力が増し人々が豊かな生活を享受できるような社会を実現する。1人1人が社会の一員として個人の義務や責任を自覚して行動する社会を築く。

① 家庭・学校・地域の教育力を高め，それぞれが連携することにより心の教育を充実し，社会の基本的ルールを守り，思いやりある子供を育てる。
② 国を愛する心を育み，世界のなかに日本人としてのアイデンティティーを確立する教育を実現する。
③ 1200万人都民が，教育活動にボランティアとして関わることにより，子供達の社会性を育む。
④ 自ら学び考える力を伸ばし，主体的に判断し問題を解決していく人材を育成する。また，基礎的・基本的な学力の向上を図る。
⑤ 1人1人の個性や能力を引き伸ばすため，全員一斉の教育手法を改め，多様な教育方法や制度を導入・拡充する。
⑥ 都立の大学を改革し，これからの日本の教育の新たな道筋を開く新しい大学のモデルをつくる。

(5) **不合理な社会的制約を取り除き，個人の意欲と能力に応じて多様な生き方が選択できる社会を実現する**

【将来ビジョン】
① 個人がそれぞれの価値観に基づき，自らの能力に応じて自らの責任で生き方を選択できる社会を実現する。
② 可処分時間を多く持つ円熟シニアに社会参加の場と機会を提供する。
③ 活動しやすいバリアフリーの生活空間を整備する。

(6) **企業の経営革新や起業・創業を促進し，産業を活性化する**

【将来ビジョン】
① 意欲を持った企業や個人が経営革新や起業・創業を行っていけるように，技術開発支援や人材の紹介，経営アドバイスなどのサービスを提供していく。また，道路などの物流インフラや光ファイバーなどの情報通信インフラの整備を促進する。
② 都市づくりと連携しながら，産学公連携や企業誘致を促進し，産業集積を図っていく。
③ 観光を振興し，東京の産業を活性化する。

4 都民が安心して生活できる東京

(1) 地域の危険を減少させ，安全なまちを実現する

【将来ビジョン】

　木造密集地域のような都市拡大の過程で生じた防災上の弱点を克服し，高齢化，IT化の進展などに対応した防災，防犯，交通安全対策を行う。それらにより，都民が安全に暮らせるまちを実現し，日本の中枢としての機能を果たしていく。

　① 防災に強い都市をつくるため，骨格防災軸の整備を進める。地域の防災能力を高めるとともに，警察，消防，自衛隊などの防災能力を高め，災害が起こった場合の被害を最小限にとどめるとともに，被害が生じた場合の迅速な復興を可能にする。

　② 複雑化・凶悪化する犯罪への的確な対応と地域防犯の推進，交通事故防止の推進などにより，都民生活の安全を向上させる。

(2) 都市における環境を改善し，都民の健康を守る

【将来ビジョン】

　大気汚染や有害化学物質が，都民の健康を脅かしている。今を生きる都民の健康を守ると共に，将来世代への影響を回避する。そのために，時代の変化や最新の知見を踏まえ適切な対策を講じていく。

　① ディーゼル車の排気ガス規制の抜本的強化に加えて，より低公害な自動車の普及に向けて市場を誘導し，都民の健康をむしばむ状況を早急に改善する。

　② 交通需要マネジメント[2)]に取り組むとともに，外観などの整備効果を活かし，環状7号線や環状8号線などの沿道騒音や狭小な歩道などを解消する。

　③ 化学物質は，その有害性についてまだ科学的に明らかになっていないものも多いことから，有害性の明らかな物質の規制の強化・充実，環境汚染の恐れのある物質の総量抑制を図る手法の導入など，化学物質の特性に応じて，適切な対策を行っていく。

(3) **環境負荷を低減し，持続可能な社会を実現する**
【将来ビジョン】

　社会システムやライフスタイルを転換することによって，環境面の課題の克服と合わせて，経済の成長を実現し持続可能な社会を築いていく。そのために東京が率先して，環境負荷の少ない社会を実現していく。

① 地球温暖化の防止を始め，オゾン層の保護，酸性雨の抑制など地球環境の保全に，東京という地域と都民の1人1人が貢献していく。
② ヒートアイランド（heat island）現象[3]を緩和し，局地的な集中豪雨などの都市の異常気象を改善する。
③ 水やゴミが持続的発展の制約要因とならないよう，資源を大切にし環境負荷の少ない社会を構築する。

(4) **社会資本の長寿命化を図り，都市の機能を維持する**
【将来ビジョン】

　公共および民間によりこれまで整備されてきた膨大な社会資本を，良好に保全し活用する。その結果，社会資本の更新に関わる経済的負担を軽減し，将来の新規投資を確保することで，都市の活力を維持・発展させる。

① 東京都が管理する社会資本に対しては，維持管理を適切に行い，既存ストックをできるだけ長く活用し，更新の時期を平準化していく。
② 社会全体で使用する資産として住宅を長く使用して，都民の住居費負担を軽減する。
③ 分譲マンションを良好に維持管理し，必要な修繕を適切に行うことにより長寿命化を図る。
④ 都市の活力を形成するストックとして商業業務ビルの適切な更新を促し地域を再生する。

(5) **地域のケア能力を高め，可能な限り自立して生活できる社会を実現する**
【将来ビジョン】

　個人の自助努力を基本に，病気，障害や介護などにより生活支援が必要なときには，適正な負担により適切なサービスを利用し，都民が住み慣れた地域で，可能な限り自立して暮らせる社会を実現する。

図表 7-1　保健・医療・福祉サービス提供のイメージ

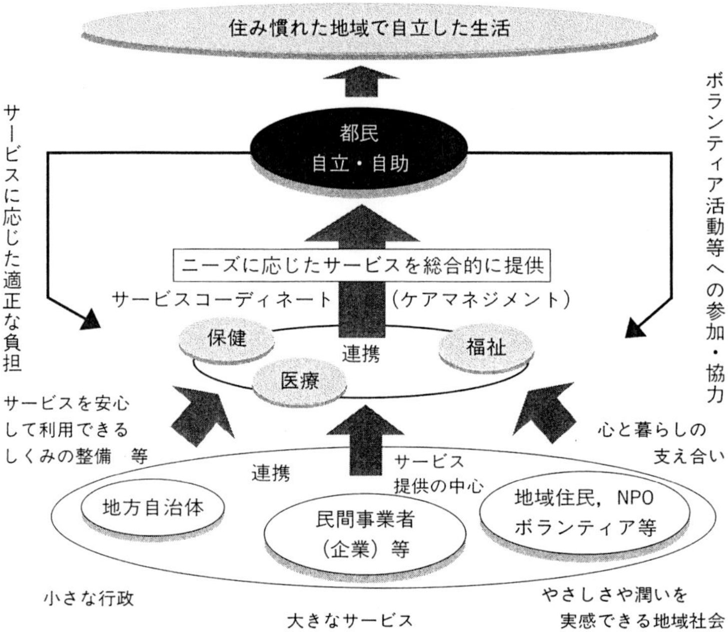

［図：中心に「都民　自立・自助」があり、上方に「住み慣れた地域で自立した生活」。「ニーズに応じたサービスを総合的に提供」「サービスコーディネート（ケアマネジメント）」のもと、「保健」「医療」「福祉」が「連携」。サービス提供の中心として「地方自治体」「民間事業者（企業）等」「地域住民，NPO ボランティア等」が「連携」。左側：「サービスに応じた適正な負担」「サービスを安心して利用できるしくみの整備　等」「小さな行政」。中央下：「大きなサービス」。右側：「ボランティア活動等への参加・協力」「心と暮らしの支え合い」「やさしさや潤いを実感できる地域社会」。］

出所：東京都政策報道室計画部編集『東京構想2000』東京都政策報道室都民の声部情報公開課，2000年，p.187。

① 都民が健やかに安心して暮らせるよう，疾病の予防，治療，リハビリテーションや介護サービスなどの保健・医療・福祉サービスを必要に応じて利用できる地域ケアシステムを整備する（図表7-1）。

② 民間事業者がサービス提供の中心となり，ボランティアなどは日常生活の助け合いを行う。行政は民間や自主的活動では対応の難しい分野を担い，地域全体で1人1人の自立した生活を支えていく。

③ 都民の医療的問題に応え，365日24時間の安心を保障する，信頼性の高い患者中心の医療を実現する。

(6) 子供が健やかに育つ社会を築く

【将来ビジョン】

① 男女平等参画の推進，多様な働き方の実現，保育サービス事業等の充実などにより，安心して子供を生み育てることのできる社会をつくる。

②　家庭が子供の生活の場，人格形成の場として，養育機能を十分に果たせるよう支援する。

③　子育てを社会全体の問題として捉え，家庭，学校，地域が連携，協力して，子供を健やかに育てられる環境を整備する。

④　次代を担う子供に対して，人として社会生活を行う上での基本的ルールなどを親と大人が責任を持って伝えることで，1人1人が社会の一員として自覚をもって行動できるようにする。

(7)　**働く意欲のある人が，就業しやすい社会を実現する**

【将来ビジョン】

①　終身雇用が崩れて離職や転職をする人が増えていくのに伴い，こうした雇用の流動化に対応するため，労働者自らが能力を高めたり新しい技術を身につけることによって，容易に再就職や転職ができる社会を実現する。

②　就業形態の多様化に見合った法律や雇用上の待遇などの整備を進め，エンプロイアビリティー（employee ability）[4]を身につけた労働者が，自分のキャリアビジョン，ライフスタイルおよび能力に応じた働き方を選べるようにする。

③　労働者のエンプロイアビリティーを向上させて企業の需要に合わせることと，多様な就業形態を整備して労働者の選択の幅を広げることによって，雇用のミスマッチを解消し，東京の経済活力を維持する。

(8)　**都民が適切な行動がとれるよう，的確な情報を提供する**

【将来ビジョン】

①　商品やサービスのリスクに関する情報の開示を促進し，また，都民に被害が生じた際の事後的な対応を強化するなど，セーフティーネットを整備することにより，都民が安全で安心できる生活を送れるようにする。

②　都民が情報ネットワーク社会へ積極的に参画して，そのメリットを享受できるよう，情報リテラシィーや契約などの知識について教育を受ける機会を充実する。

③　申請・届出業務の電子化など，都庁のIT化を推進することにより，即応性・利便性の高い行政サービスを提供し，都民と都庁のよりよいコミュ

ニケーションを確立する。

5 先駆的なメッセージを発信できる東京

(1) 東京圏メガロポリスの潜在力を引き出し，21世紀の日本を牽引する

【将来ビジョン】

首都圏の国際航空機能が強化されるとともに，広域交通ネットワークが形成されている。センターコアエリアにおける職住近接などが図られ，東京都心部のビジネス拠点としての魅力が高まるとともに，業務核都市を中核として自立性の高い圏域が形成されている。

東京圏全体のバランスのとれた地域構造，すなわち「環状メガロポリス構造」がつくられ，東京圏全体で首都機能を担い，21世紀の日本を牽引している。

① 関係自治体による東京圏づくりに向けた戦略的な取り組みを推進する。
② 環状方向の連携・交流を始めとして，圏域内の人やモノ，情報の結びつきを強化する。
③ 東京圏全体の発展を見定め，東京都エリアについては，センターコアエリアや東京臨海地域，東京臨海地域，多摩地域といった戦略的な地域の魅力と活用を高める。

(2) 東京の魅力を高め，世界に冠たる国際都市となる

【将来ビジョン】

いかに魅力的になるかが，国境を超えて人やモノ，情報が行き交う時代にあって，都市の盛衰を左右する。躍動感と東京らしさにあふれ，人々を引きつける21世紀の東京を，都民，企業，行政が連帯して築いていく。

① 東京が魅力的な都市となることで，ビジネスを始め，国際的な影響力を高め，東京らしさにあふれた存在感，東京のアイデンティティーを確立する。
② 東京の魅力を発信し，世界の人々が交流する国際都市になる。

6 将来ビジョンの特徴と公益マネジメント

東京都の将来ビジョンの特徴は，全国の都市が抱える環境問題や高齢化対応

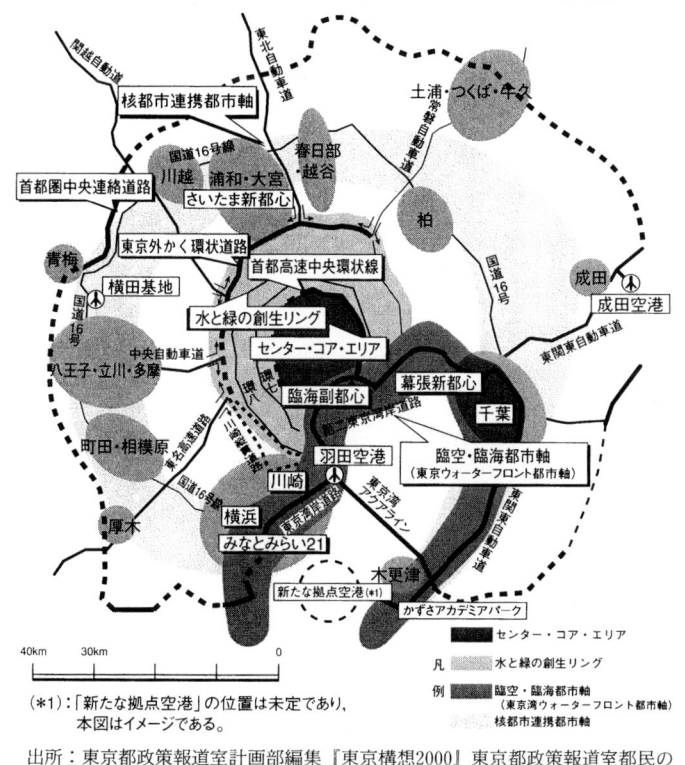

図表7-2 東京圏の将来像（「環状メガロポリス構造」）

出所：東京都政策報道室計画部編集『東京構想2000』東京都政策報道室都民の声部情報公開課，2000年，p.216。

の問題，IT関連の情報化など共通する問題点および課題の他に，日本の首都である大都市東京そのものが抱える都市構造（環状メガロポリス構造）や構想，都市像，国際都市東京の機能，都市生活者の生活構造等々が浮き彫りにされている（図表7-2）。

　新社会システム構築に当たっての基本理念として，「新しい豊かさ」「新しい公正の原理」「個人と社会の発展的相乗関係」の3つの理念を基礎にコンセプトを掲げ，新コンセプトに基づいて「目指すべき東京の将来像」「誰もが創造力を発揮できる東京」「都民が安心して生活できる東京」「先駆的なメッセージを発信できる東京」といった4つのサブコンセプトに統合化・統括化しているところに特徴がある。

理念やビジョン・構想に当たっての考え方は，企業におけるマネジメントやマーケティングの考え方を一部導入している。福祉・公益マネジメントやマーケティングの発想を採り入れていると見られる部分がかなりある。こうした発想を踏まえて，いわゆる，大都市特有のミッションやビジョン・構想，将来像を明らかにしている。

　また，「東京構想2000」といっても，期間を限定して15年後の2015年を構想の目安として捉えているというところにも特徴がある。しかしながら，全体構造を見ると，どちらかといえば高齢化対応の福祉・介護・医療・年金・老後の生活といった福祉ビジョンシフトに大きく傾いているという傾向がある。経済的厚生から社会福祉・社会政策的厚生へのシフトである。

　こうした傾向は，何も東京だけでのものはない。少子高齢化の問題は，大都市のみならず地方都市においても進行しているからである。地方都市の都市化が進めば進むほど，東京圏と同じようなミッション・ビジョン・構想・将来像が求められる。ここに掲げた数々の大都市における将来像は，少なからずその一般的モデル的要素を多分に包含しているものと考えられる。その意味において，必見熟読，参考に値する価値がある。

　さらに，特筆すべきことは東京都が直面している行政課題に効果的に対応するため行政体質を改善していく必要があるとして，「スピードの重視」「コスト意識の徹底」「成果の重視」を都政運営の具体的な仕組みとして定着させ，職員1人1人の意識改革を図っていくとして，マーケティングマネジメントの行政への導入の必要性をほのめかしている。非営利組織における民間のマネジメント発想つまり，ITをキーワードにした市場原理，生産性の向上，少数精鋭・簡素で有機的な組織，能力・実績主義の原則が貫かれているのである。

　特に，仕事の迅速性，コスト意識，成果主義の原則を強調しようとしていることが注目される。ドラッカーのいう行政・非営利組織における"仕事ぶり"の評価に関する体質改善コンセプトが貫かれているということに意味がある。非営利組織における組織マネジメントのあり方と福祉・公益マーケティングの概念が導入されていることは極めて大きな意義がある。

　2003年4月13日の東京都知事選挙で石原慎太郎は再選された。石原都知事1

図表7-3 石原都知事1期目の主な政策

ロードプライシング	都内の対象区域内を走る車に料金を課す制度。公共交通の混雑、都心を迂回する環状線の未発達による新たな渋滞など課題は多い。	横田基地返還問題	第1期当選時の公約だったが軍民共用の方向へ。可能性について昨年10月訪米、アーミテージ国務副長官と意見交換。
観光産業新興プラン	東京への外国人旅行客を5年間で倍増の600万人という目標を掲げて、「シティ・セールス」のための海外訪問などに公金を投入。	都立高校改革	「心の東京革命」を提唱。都立高校の縮小廃止、中高一貫校の増設、校長の人材刷新などを進める。
ディーゼル車規制	今年10月の規制開始で、都内登録トラックと都内を通過するトラックのうち30万台以上が走行できなくなる予定。中小業者を直撃。	銀行業等に対する外形標準課税	00年度から5年間の制限措置で導入。年間1000億の税収となるが、裁判では一審、二審とも都の敗訴。現在最高裁へ上告中。
羽田空港再拡張	01年2月から深夜・早朝のチャーター便に限って国際線の運航を開始。羽田再拡張事業も国との協議は進むが事業費の一部負担は拒否。	宿泊税	1泊1万円以上のホテル・旅館の宿泊料に100〜200円課税する。昨年10月スタート。住民以外から安易に徴税する方法に批判も。
東京外郭環状道路	30年以上にわたって凍結していた「練馬−世田谷」間の外環道建設が実現に向けて動き出す。地下40メートル以上に建設する基本方針。	新債券市場の創設	中小企業の資金調達手段として「ローン担保証券」を発行。3月には中小企業の社債をまとめて証券化する「社債担保証券」を発行。
カジノ構想	お台場にカジノを展開し、1万人の雇用を創出し、外国の客を誘致する、として打ち上げた。	都市再生	有楽町、秋葉原、新宿などを指定し、民間を活用した重点的な整備の方針を打ち出す。02年7月には環境アセスメントを緩和した。

出所:『週刊宝島』2003年4月30日号、p.11。

期目の主な政策は図表7-3の通りである。国家の構造改革はまず地方である東京からを合い言葉に石原知事の強力なリーダーシップとマーケティング的発想がこの図表の各項目から伺える。すでに都主導で2004年度中に無担保融資などを取り入れた新銀行の発想を打ち出すなど2期目の政策が期待される。

7 産業振興ビジョンと公益マーケティング

(1) チャレンジプロゼクトによる再生への胎動

東京都産業政策室は『労働経済月報2000年8月号』(pp.10-13)で，2000年の産業振興ビジョンを公表している。東京都の産業振興ビジョンの最大の特徴は，行政主導ではなく中小企業主，商店主，NPO等々による広範な都民参加による協働作業（協働・協創）によって，ビジョン策定をしたという点である。顧客満足志向の協働・協創によるマーケティング的試みである。

その手法は，ITを用いたダイナモ（発電機）というフィードバック装置を使用し，これにより政策形成過程の情報公開，政策形成への都民参加，都民による行政評価などが可能になった。

この産業振興ビジョン策定の目的は，①産業構造転換と雇用創出の道筋を示し，東京の牽引力である産業の活性化と，日本経済・社会全体の活性化を図る，②東京の5つの危機と産業との関連を明らかにし，産業面から危機克服の道筋を示す，③深刻な雇用危機打開のため，あらゆる方策を検討し可能な施策を生み出す，の3つである。

とりわけ，注目すべきことは，東京の様々な地域において，中小企業主や商店主，NPOなどによる自ら活性化を目指すという動きである。ビットバレーでのネット産業の自然集中，秋葉原電気街に関連したIT拠点である「秋葉原シリコンアレー（仮称）」の動き，大田区での国際コールセンターと全域IT化の動き，中野区商連のITを活用した活性化，早稲田商店会などの全国商店街ネットワーク，多摩ニュータウンのNPOによる新たな産業と雇用づくり，介護・福祉・環境・教育などに関連した多彩な地域産業活動等々が，多数のメーリングリスト（メール会議室）を介して相互に繋がり，東京全域の情報ネットワークへと発展している。地域のIT革命が予想を超えた速度で急速に進行しつつある。

(2) 4つの基本理念・使命・貢献の思想と政策目標

新たな産業振興指針として，次の4つの基本方向が提示されている。

【4つの基本方向】

1．民間・地域主導……「行政主導」からの転換

産業振興の主体は中小企業や商店主，NPOなど産業の担い手自身であり，これを支援・コーディネートすることが行政の機能である。

　2．一点突破手法（ベスト・プラクティス）……「横並び」からの転換

「横並び」ではなく，一点突破事例（ベストプラクティス：best practice）を創出・発掘し，それを全都に波及させていく手法が効果的である。

　3．成果（アウトカム：out-come）志向……「事業志向」からの転換

行政自ら行う事業（インプット）が重要なのではなく，産業の活性化と雇用の創出など最終成果（アウトカム）が重要である。

　4．IT革命……「情報鎖国」からの転換

あらゆる産業主体，地域，行政においてITによる情報技術革命への対応が急務となっている。

【4つの政策目標】

　1．新たな産業集積の形成と既存集積の再活性化
　2．豊かな地域力の醸成
　3．自然循環を活かす産業の再生
　4．雇用の創出と確保・産業振興の究極の政策目標

❶　新たな産業集積の形成と既存集積の再活性化

これについては，次に掲げる8項目を政策目標としている。

① 新たな産業集積の形成→東京の産業構造転換を促進し，新たな雇用の場を創出するため，新たな産業集積を進める。

② 既存産業集積の再活性化→日本の産業を支えている，優れた「ものづくり」基盤技術や情報・文化機能を維持・強化するため既存産業集積の再活性化を図る。

③ 魅力ある集積都市東京の創造→観光を産業の視点から捉え，その総合的な振興を図る。

④ 創業・ベンチャー支援や既存産業の経営革新支援→これらの経営革新等の支援を行い東京の産業の活性化を図る。

⑤ 資金調達の多様化の促進→中小企業の直接金融による資金調達を実現するため，債券市場を開設して充実を図る。

⑥　産学公連携による技術支援→企業，大学，公設研究機関，行政の連携により中小企業の技術開発を支援していく。
⑦　産業インフラの整備と活用→産業の発展にとって重要な都市インフラを整備する。
⑧　新たな国際産業ネットワークの構築・企業の海外事業展開への支援→海外情報ネットワークの再構築，海外における企業支援機能の開発，内外からの対応へのワンストップサービス[5]などを行う。

❷　豊かな地域競争力の醸成

これについては，次の5項目を政策目標として掲げている。

①　多様な地域産業の創出と発展→介護・福祉需要，ゴミ・リサイクルなどの地域環境問題，地域教育問題など地域の需要が，多様な地域産業を生成・発展させていくとともに，地域に密着した地場産業と伝統工芸品産業の振興を図っていく。また，SOHO (small office home office)[6]の発展を支援していく。
②　コミュニティーの核としての商店街の再生→各地域の商店街が地域コミュニティー再生の核になるよう支援していく。
③　地域社会システムの重要な担い手としてのNPOの役割の増大→地域における効果的な社会システム作りにNPOの重要性が益々高まってきており雇用の場としても発展させる。
④　地域における産業教育の充実→地域産業活動における社会性ある子供の教育を行い，将来のものづくりやベンチャーの担い手になれるような体験の機会を提供していく。
⑤　「まち場」，地域での創意あるIT革命の振興→デジタルデバイドを防ぎつつ急速なIT革命を進め地域力の強化を図る。

❸　自然循環を活かす産業の再生

これについては，次の3項目を政策目標として掲げている。

①　持続可能な東京を支える森林，農地，海域→持続可能な東京を支える上で，森林地域，都市の農地，海と島嶼の維持確保による効果は計り知れないほど大きい。

② 自然循環を活かす産業の発展→都市における食糧の安定供給，新しい資源・エネルギーの展開，環境，防災，教育などの多面的な機能の観点からも，農林水産業の持つ自然循環機能を積極的に位置づける必要がある。木材と木質バイオマスの活用，大消費地に近接した農業を通じて，地域資源を活用し，自然循環を活かす産業システムを東京から構築する。
③ 「都民の癒しの地」としての再生と発展→高齢化社会を迎え，体力と時間が豊富な高齢者にとって，これらの地域は最も身近でホスピタリティー（人間性・思いやり）の高い「癒しの地」とする。

❹ 雇用の創出と産業振興策

これについては，次の4項目が政策目標として掲げられている。

① 東京の活力を生み出す雇用・就業機会の開発→東京の特質を生かした新たな産業集積の創造，既存産業集積の再活性化を始め，これまで述べてきた全ての政策目標と政策の実施を通じて，雇用の創出と確保を達成する。
② 雇用のミスマッチの解消→雇用・就業情報の総合的な提供や職業能力開発，地域における就業支援などを通じて・雇用のミスマッチを解消する。
③ 職業能力の向上→地域企業の人材ニーズを的確に把握し，産業政策と連動させながら，職業能力開発を支援していく。
④ 誰もが意欲と能力に応じて安心して働ける環境の整備→職場環境の改善，仕事と家庭の両立支援など多様な施策を通じて，誰もが意欲と能力に応じて安心して働ける環境整備を行う。

(3) **地域産業を支援するマーケティング発想**

行政が主導する「ピラミッド型社会」は，多様な社会主体が協働する「ネットワーク型社会」へと変化してきており，これまでの行政のあり方の変容を迫られている。とりわけ，東京の産業活性化の課題を解決するためには，産業労働行政の仕組みを根本的に再構築する必要がある。

中小企業家，商店主，NPO，地域社会など広範な都民によるダイナミックな取り組みの中から，東京および日本を再生させるダイナモが創り出されると確信するものである。

これからの産業振興は，経済原理優先の産業経済から福祉・公益原理優先の

総合支援ネットワーク型の振興ビジョンにシフトしていかなければならない。それも行政主導ではなく，民間や地域主導の行政を先行させ，行政はこれを支援・サポートしていくような社会システムの構築を図る必要がある。

都民という顧客の顧客満足度を最大化できるような組織マネジメントや福祉・公益マーケティングの導入が切に求められているといえよう。

5　国家のマーケティング戦略

1　必要な21世紀の国家戦略

政府は国家の行政を行う機関である。NPOの概念からは除外される。しかしながら，広義の解釈では，いってみれば，国家のマネジメントや外交，つまりマーケティングを行う機関であるといってもよい。国家には国家理念，国家戦略[7]がありこれを全うするためのミッション，つまり国家的使命が存在する。国家戦略がなかったり不透明であると国家は方向性を失い，無政府状態に陥り国家機能は弱体化する。

一般的に，マネジメントやマーケティングという概念は会社・企業における概念であるという認識が強いが，非営利組織体のマネジメントやマーケティングが叫ばれている今日では，こうした概念は当たらない。では，国家はどのようなマーケティングマネジメントを行っていったらよいのであろうか。

第1は，景気後退に対する経済活性化対策の問題，赤字国債発行などの財政・金融，外交・防衛，環境，教育・文化，科学技術，年金・福祉・医療・雇用，自治，情報公開，行政マンや議員の倫理性，汚職・役人の天下り天国等々の諸問題を「国家ミッション（national mission）[8]の策定」に基づいて，国民との間にコミットメント（公約）を交わし，公約が守れなかった場合には直接国民に問うて，国家ミッションを有機的に統括・統合的管理できる機能をいち早く確立するということである。

景気対策の後退は政治の失敗であり，市場の失敗である。こうした失敗を補填する意味合いからNPOやNGOが派生してきたといっても過言ではない。筆者が思うには，議員定数の見直しを国および地方をあわせて行い，特殊法人

を初めとする国や地方の天下り組織機関を抜本的に見直して，ムリ・ムラ・ムダのない組織体系に変革しない限り，700兆円を超える国家の借金はなくならないと考える。

　小泉内閣が行っている構造改革というのは，こういったところにメスをまず入れるべきではないのだろうか。しかしながら，構造改革は2003年4月からは，郵政事業庁の公社化である郵政公社がオープンし，郵便事業の慢性的な赤字体質を新たな商品開発やサービスによって徐々にではあるが解消しようとしている。

　組織は存在していても有効かつ効率的に機能していなければ，何の役にも立たない。国家における社会的使命とは何か。企業ミッションと同様に，国家ミッションという認識を先ず認知し再認識する必要がある。会社・企業におけるような厳しさを行政のトップを初め，国会議員や地方議員，行政マンがもたない限りそして思い切った行政改革を断行しない限り，国家・地方ミッションは有機的に機能しない。

　第2は，「政・官・業（政官癒着業者）・学（御用学者）・報（御用マスメディア）の癒着構造の廃止による組織のムリ・ムダ・ムラを省く」という政治倫理改革を初めとする抜本的な行政・構造改革を断行することである。

　国家の行政はとかく縦割り行政に陥りやすい。そこで横割り，つまり横断的に一本の矢印を入れて，関連する行政機能のムリ・ムラ・ムダを省くようスリム化させて，有機的に機能できるような組織に転換するということである。

　カルロス・ゴーン氏が日産自動車の再生にかけたモチベーション→コミュニケーション→コラボレーション→バリエーション→イノベーションのフローである。国家と企業とはいちがいに比較はできないが，ゴーン氏のように3つの公約を掲げ，そのうちの1つでも必達できなかったら総退陣するという決意表明をするくらいの心構えを一国の総理たる者は持つ覚悟が必要がある。

　ゴーン氏は，就任前の日産の赤字体質（約8000億円）を，たった1年で約3100億円の黒字体質（改善幅約1兆1000億円）にして見せた。彼の改革にかける意気込みおよび実行力は政治の世界においても十分に参考になる。

　ゴーン日産が2万1000人の解雇，採算の悪い工場の閉鎖，採算の悪い下請の

整理，遊休資産の売却を行ったように，国家にも行政機関の一部民営化の問題や議員や職員の定数の問題が絡んでくるだろう。しかしこれをあえて断行しなければ，日産は再生できなかったのである。国家も同じである。700兆円を超える国債を抱え年金の原資問題が叫ばれている今日，思い切った大鉈をふるわない限り，借金地獄から抜け出すことはできない。資金的にゆらぎを見せている国家に明るい将来はない。構造改革は議論する時代から実施する時代へと進んでいることに気づくべきである。

日本の政治家は，政治家ではなく政治屋といわれるレベルのものであり，かつて経済は一流，政治は三流といわれたが，政治が三流であるということは，政治家としての見識の欠如や高潔性の欠如など，国家マーケティングやマネジメント能力に欠けるからである。根本的に意識改革をし行革を断行しない限り，明日の日本は見えてこないし，不透明のまま推移するものと考えられる。

明治維新の頃の日本や戦後の日本には，危機意識があり勢いがあった。それが何故，もぬけの殻になってしまったのだろうか。行き過ぎたモノの豊かさや平和ボケがそうさせているのかもしれない。魂のない国民に国家戦略などできるはずがなく，あっても絵に描いた餅になってしまうだろう。戦後における教育の失敗が政治の失敗に繋がっているような気がするのは筆者だけであろうか。

第3は，「議員定数や職員定数の見直し」である。議員や職員の定数は行政事務や業務領域の見直しによって大きく変動してくる。事業ドメインの領域が決まればこれに対応した定員にすべきである。ムリ・ムラ・ムダの多い事業領域であれば当然に無駄な議員や職員がでてくる。

国会議員やキャリア公務員の天下り先が実に多いこともわが国の構造的特質といえるだろう。何時の日か民放のテレビで天下り先の多い省庁がリストアップされていたが，全省庁で何千という単位の天下り先があるという。これに地方自治体関連の天下り先などを加えるとさらに膨れ上がることになる。もちろん全ての天下り先が悪いというのではなく，中には必要な組織もあるのは事実である。しかしながら，数はあまりにも多く，特権階級の人のための組織であるという前近代的かつ，不平等な制度や仕組みが残っているといわざるを得ない。

国民の税金が無駄に使われてはいないか、会計検査院や行政監察の目を強化する必要があるのではないだろうか。むしろ、国家機関ではなく独立した第三者機関のようなものを設置してチェック体制を強化した方がよいのかもしれない。

第4は、「地方分権の断行」である。この機能は企業における分社化による独立採算制度の導入や権限の委譲、企業内事業主制度などと同じである。巨大組織を中央集権的で前近代的な方法で統括管理していこうという方法が現代社会には必ずしも当てはまらない。一部の権限を地方に委譲して、統括管理をし円滑な独自性の強い圏域をつくってオリジナリティーを発揮させる行政単位に切り替えることである。

東日本と西日本という分割の方法はあまりすすめられないが、地方の実状を踏まえて東北ブロック、近畿ブロック、東海ブロック、中四国ブロックという具合に、行政を分割して中央政府が統括管理しやすいような、アメリカの連邦制（州知事＝ブロック長）の仕組みを導入すべきである。かつて道州制が叫ばれたこともある。

これは、国家の民活的な発想である。権限を地方に移譲し切磋琢磨して、地方の良さをアピールし合うような牽制システムが今の日本には必要であろう。地方の自治をブロック単位に委譲して独自性のある政治を行わせる。自主管理運営のモデルを策定して段階的に体制固めをしていくという方法も考えられる。

現在の道府県制では、解決できない思い切った政治や行政効果が期待できる面がある。最も良いところは、政治の比較対照ができるという強みである。また、ブロック制はエリアが比較的狭く市民が直接政治に参画し政治的関心が湧いてくるという点もある。逆に中央の力が強すぎて中央集権国家にならないとも限らないので、こうならないような施策を講じる必要があるだろう。

2　マーケティング戦略の導入

第5は、「マーケティング戦略の導入」である。このマーケティング戦略は前述したブロック単位で競争原理を導入して切磋琢磨させることが基本である。独自のブロックにおける政治、経済、外交、金融、福祉、文化、厚生、環境、

教育，雇用，自治権など委譲できる機能を容認することにより，ブロックの強み弱みを認識させ，いかにしたらオリジナリティーが発揮でき魅力的で豊かな独立圏を形成できるかをマーケティングしていくのである。

　ただ外交や金融，防衛といった問題はブロック制ではかなり難しいと思われる。その点については委譲できる分野とそうでない分野とを区別して考えるようにしていけばよいのではないだろうか。中央と地方の機能分担をはっきりさせ，リレーションシップを高めるようなシステムづくりをしていくことである。

　特に「教育制度の改革」などを手始めに行うことが大切である。教育問題は国家全体の問題でもあり，ブロックや個人の尊厳に関わる問題でもある。各ブロックや教育機関のオリジナリティーが尊重され活かされ創造性教育が構築できるような教育システムの体制に転換する必要があるだろう。国家の命運はまさに人間づくりから始まるといっても過言ではない。

　そのためには，わがブロックは自分たちが主導権を持って，「私をマーケティングする」[9]といったような市民意識，政治的関心を高めることが大切である。政治的無関心層は本当は関心を持ちたいのであるが，持つべき政治的関心がないからである。

　つまり，政治が悪いということを謙虚に受け止めることである。どうやったら，市民が政治的関心を保持してくれるかを常に頭に入れて，政治を行う必要がある。政治的関心を多くの無党派の若者に抱かせることが，ブロックや国家をよくするエネルギーパワーとなる。

　政治や行政の渦に無党派層を巻き込んでいくような体制を作らない限り，政治はよくならないし行政効果はでない。政治的関心運動をどのようにして推進し展開していくことができるかどうかで政治や行政の効果は決まる。

　そのためには，政治と仕事，市民と政治，自分の仕事と政治とのリレーションシップをどのようにして高めていくかである。自分の仕事や地域と政治のつながりをもっと意識させるような行為行動を起こさない限り，私をマーケティングすることはできないだろう。マーケティングとは自分がおかれた環境条件のなかにおける「自分探し」である。何事にも遊び心を大切にし好奇心を持ち，社会的使命感に燃えてクリエイティブアクション（creative action）を起こす。

そして自他共に感動を分かち合うことができるような自分を持つことである。

　私をマーケティングするような体制ができれば，政治的関心は自ずからでてくる。自分の生き方生き様，つまりライフスタイルが確立しているからである。自己顕示的欲求がでてこないと自分の周りのことに無関心になってくる。自己発見，自己実現の欲求を高め切磋琢磨できる自分を磨かない限りマーケティング行動は起こせないのである。

　こういった高次元の欲求を促すような国家マーケティング戦略こそ明日の活力を生むキーポイントである。生活の質（quality of life）の向上やcommunity of lifeという概念が浸透し，共生・共存・共有意識が芽生えて初めて共通の土俵ができる。次元の高い福祉文化国家に生まれ変わることができるような国家マーケティング戦略を展開しなければならない。もちろん，国家戦略（国家の経営戦略）が，上位概念であることに変わりはない。

　第6は，「生活環境コスト認識」および地球環境にやさしい「環境教育や環境技術開発」の導入である。持続可能な社会を形成していくためには，生態系の循環サイクルを維持存続させるような配慮の国際的共通・共生・共有認識やブロックごとの対応が重要になる。限度のある資源の見直しや新たな資源開発などへの取り組みが考慮されなければならない。

　すでに，燃料電池による水素自動車や電気自動車の開発が始まっており，風力発電や地熱発電，太陽エネルギーを利用した太陽光発電など新たな技術開発が，原子力発電などの危険な電力供給に取って変わろうとしている。ドイツでは原子力発電の全廃を議会で議決している。

　生活環境の「不快」→快気マーケットといったようなマーケティングコンセプトで各種各様のマーケットを開発していく必要がある。例えば，救急・急患・予防医療マーケット→緊急通報システム；在宅介護マーケット→ホームヘルパーの在宅・訪問介護サービス；気分快適リゾートマーケット→快適なオフィス環境維持の机・椅子・空間・色彩など；環境保全・景観・雰囲気マーケット→街並みなどの景観ビジネス；災害などの危機管理マーケット→地震・災害予知通報システム；人間教育・創造性開発マーケット→創造性教育・偏差値教育撤廃；自然・生活環境保全マーケット→環境汚染防止機器の開発；緑化・グ

リーンマーケット→汚染された自然を浄化する技術開発；廃棄物処理・リサイクルマーケット→リサイクル・資源再生化ビジネス；水質・空気・土壌浄化マーケット→土壌・河川・海・空気浄化ビジネス；地球温暖化対策関連マーケット→生物圏安全保障・危機管理ビジネス；自然・生活環境調和型マーケット→エコロジカルマテリアルの開発；オゾン層保護対策関連マーケット→生物圏；地球圏安全保障・危機管理ビジネス；公害防止関連対策マーケット→太陽光発電・電気自動車開発；動植物保護関連対策マーケット→自然林を生かした都市・住宅地などが考えられる。

　ここに例示した概念は，「不」のコンセプトからヒット商品・有望マーケットを開発しようという考え方である。心の「不安」→ゆとりマーケット；老後の「不安」→高齢者マーケット；生活環境の「不快」→快気マーケット；生活の「不満」→満悦マーケット；生活の「不便」→簡便マーケットといった具合に，こうした概念からの掘り下げを行えばよいのである。こうした考え方の背景には「生活環境コスト認識」という概念が包含されている。

3　活力を生むブロック経済圏の確立

　第7は，「ブロック独自の経済圏の確立」である。これは第4の地方分権の断行と相通じるものがある。各々のブロックには独自の伝統産業や強みを持った中小企業が多数存在する。こうした地域産業が活性化できるような経済対策を講じる必要がある。

　従来から行ってきた金型の技術ノウハウを活かして，超ミニの痛くない注射針の研究開発を行い，6人で6億円の売上高を上げた町工場の岡野工業など，中小企業の中には今までの体験から得た技術・ノウハウがたくさんある。こうしたノウハウを活かせるような橋渡しをする機関が必要である。公的機関やNPOなどがサポートするという方法も考えられる。

　大手銀行の不良債権処理の問題も大切であるが，政府はもっと中小企業活性化のための技術開発指導や経営支援，資金援助をすることが大切である。岡野工業のように，血眼になって昔とった杵柄で日の目を見た企業は他にもある。こうした技術を結集して新技術開発を行うということの大切さがNHKTVで

放映されていた。

　生き残りのための地道な研究と開発を主体性をもって自主的に行っている企業こそ支援すべきである。わが国における全企業数の99％を占める中小企業の景気回復無くして，経済の成長はあり得ないのである。戦後，わが国は伝統産業を保護するような施策をとってこなかった。同じ敗戦国であるドイツとは正反対である。

　ドイツのマイスター制度のような伝統産業やベンチャー起業などの新産業を活かせるような「職人評価システムを導入」し，雇用の増大を図っていくこともIT化，バイオテクノロジー，ナノテクノロジー（超微細加工技術），ナノバイオロジー，ヒトゲノム（全遺伝子情報）に代表される遺伝子産業，生命科学技術開発，家庭用ロボット開発などと同様に大切である。いわゆる高付加価値産業へのパラダイムシフトである。

　景気低迷下の今日，雇用の安定および経済の活性化を進めていくためには，ブロック経済圏の特色を生かした産業の育成を図り，大いに競い合わせて伝統産業と新規産業とのバランスをとるなど，埋もれているモノづくり産業の活性化や新産業の発掘を図ることが大切である。

　貿易や文化，伝統産業，観光サービス産業，情報化対応等々のブロックにおいて独自性を出しやすい分野をセレクトし，互いのブロックを競い合わせる環境を策定するなど，国家は基本的な枠組みを策定し，ブロックのオリジナリティーを発揮させる社会的システムを構築する必要がある。

　つまり，各ブロックにマーケティング的競争原理を導入しお互いの強みを発揮させることにより，経済の活性化を図るのが目的である。地域産業振興の要石になるようなグッドアイディアを網羅的に受信提供し，地域産業の特色づくりをしていくのである。

　小泉内閣が地域を限って規制を緩和・撤廃する構造改革特区の第一弾として第一次認定の57件，第二次認定の60件が決定したのはこうした発想が根拠理由になっている。特区は地域主導で地方自治体のアイデアを尊重して経済を活性化させる試みである。通関の24時間化を実現する福岡県北九州市の国際物流特区や，小中高一貫の外国語教育を可能とする群馬県大田市の外国語教育特区，

図表7-4　構造改革特区一次認定の57件

■教育関連
　太田外国語教育（群馬県太田市）▷不登校児童・生徒のための体験型学校（東京都八王子市）▷ふるさと教員制度（徳島県海部町）
■幼保一体化推進
　幼保一体化（群馬県六合村）▷幼児教育（埼玉県北本市）▷満3歳になる年度当初から幼稚園に入園できる（長野県）▷防府市内幼稚園入園年齢制限の緩和（山口県同市）
■生活福祉関連
　健康福祉千葉（千葉県）▷人材ビジネスを活用した雇用創出（東京都足立区）▷みんなで進める地域福祉（神奈川県大和市）▷福祉移送サービス（大阪府枚方市）▷福祉移送（岡山県）▷福祉コミュニティ（熊本県など）
■国際物流
　国際空港（千葉県）▷国際港湾（東京都）▷国際物流（横浜市）▷国際港湾交流（静岡県）▷名古屋港産業ハブ（名古屋港管理組合）▷国際交流（大阪府）▷国際交易（大阪市）▷国際みなと経済（神戸市）▷下関市・東アジアロジスティックス（山口県同市）▷福岡アジアビジネス（福岡県など）▷北九州市国際物流（同市）
■産学連携
　津軽・生命科学活用食料（青森県）▷国際知的産業（仙台市）▷超精密技術集積（山形県）▷鶴岡バイオキャンパス（山形県鶴岡市）▷知的創造・開発（福島県）▷つくば・東海・日立知的（茨城県）▷知の創出・活用（京都市）▷バイオメディカル・クラスター創成（大阪府）▷ハイテク産業創造（大阪府）▷先端光科学技術（兵庫県など）▷先端医療産業（神戸市）▷けいはんな学研都市知的（京都府，大阪府など）▷広島研究開発・創業（広島県など）▷糖質バイオクラスター（香川県）▷飯塚アジアIT（福岡県など）▷久留米アジアバイオ（福岡県など）
■産業活性化
　港湾物流（北海道小樽市など）▷鹿島経済（茨城県）▷技術集積活用型産業再生（三重県など）▷環境・リサイクル経済（兵庫県姫路市）▷環境対応型コンビナート（山口県など）
■IT推進関連
　スイートバレー・情場形成（岐阜県など）▷ITベンチャー育成（兵庫県洲本市）
■農業関連
　相模原市新都市農業創出（神奈川県同市）▷東頸城農業（新潟県安塚町など）▷ワイン産業振興（山梨県）▷小豆島・内海町オリーブ振興（香川県同町）
■都市農村交流関連
　NPO活動推進（千葉県など）▷鴨川市棚田農業（千葉県同市）▷増富地域交流振興（山形県須玉町）▷グリーンツーリズム（兵庫県など）▷新ふるさと創り（和歌山県）▷神話・伝説のふるさとツーリズム（宮崎県）

出所：毎日新聞による。

図表 7-5　構造改革特区二次認定の60件

■国際物流
　国際交流（北海道稚内市）▷国際臨空産業（川崎市など）▷中部臨空都市（愛知県）▷国際自動車（同豊橋市など）
■産学連携
　新産業創出（千葉県）▷京浜臨海部再生（横浜市など）▷国際環境（川崎市など）▷先端健康産業集積（静岡県）▷国際経済（兵庫県）▷産学公連携研究開発促進（山口県宇部市など）▷愛媛バイオ研究開発（松山市など）
■産業活性化
　企業立地促進（北海道南幌町）▷環境・エネルギー産業創造（青森県）▷DME（ジメチルエーテル）普及モデル（横浜市など）▷新産業創造拠点化推進（石川県辰口町）▷産業集積（兵庫県加西市など）▷都市近郊型産業集積（同高砂市）▷びんご産業再生（広島県福山市など）
■IT推進
　ITビジネス（北海道岩見沢市）▷IT（岡山県）
■農業
　食と農の担い手づくり（埼玉県）▷都市農業成長（神奈川県小田原市）▷農業大学校アグリワークサポート（新潟県）▷農地いきいき（山梨市）▷農業大学校ガイダンス（長野県）▷中山間地農業活性化（同大鹿村）▷地域活性化（同梓川村）▷自然産業（兵庫県淡路町など）▷環境保全型農業等推進（同市島町）
■都市農村交流
　グリーンツーリズム促進（石川県）▷都市農村交流（長野県青木村）▷同（同木曽福島町）▷同（同波田町）▷ふれあい交流農園（同売木村）▷南信州グリーンツーリズム（同飯田市）▷農村交流促進（京都府綾部市）▷都市・農村ふれあい交流（同亀岡市）
■教育
　文化のまちの心の教育（北海道清水町）▷みやぎ教育（宮城県）▷会津若松市IT（福島県会津若松市）▷外国語早期教育推進（埼玉県狭山市）▷国際理解教育推進（同戸田市）▷国際化教育（同新座市）▷国際教育推進（千葉県成田市）▷国際都市「あらかわ」（東京都荒川区）▷切磋琢磨とこまやか学習（長野県大桑村）▷キキョウ学習（岐阜県多治見市）▷学校復帰支援（同可児市）▷ホスピタリティ都市構想（滋賀県長浜市）▷京の人づくり推進（京都市）▷教育都市みよし（広島県三次市）
■幼保一体化推進
　幼稚園早期入園（岩手県一関市）▷幼稚園入園事業（山梨県富士吉田市）
■生活福祉
　NPO等移送協働（東京都世田谷区）▷福祉輸送（長野県小海町）▷障害者地域ケア（同大桑村）▷デイサービス事業バリアフリー（同木島平村）▷福祉サービスの向上（岐阜市）▷有償ボランティア輸送（徳島県上勝町）▷福祉サービス応援（熊本県菊地市）

出所：毎日新聞による。

コンビナートの配置や燃料電池の設置規制を緩和する三重県の技術集積活用型産業再生特区などを2003年4月21日に正式に認定した。第一次認定の詳細は図表7-4の通りであり第二次認定の詳細は図表7-5の通りである。

　各ブロックの代表的産業を集積した見本市や博覧会の開催など，国内需要および海外需要にも目を付けて年に1回ぐらい各ブロックの持ち回りで開催するなどの一大イベントに持っていくことが望まれる。

　例えば，近畿圏と東北圏とでは互いに歴史，文化，産業，風俗・習慣，観光などが異なり，それぞれ独自の経済育成を通じて，各ブロックと海外企業などとの提携を行うなど，ブロック経済と海外経済圏との取引関係性の構築なども考えられる。EUやアメリカと並び称せられる東アジア経済圏の確立が，こうした国内経済の活性化を通じて波及効果していくことを期待するものである。

　中国には，約13億人のマーケットがあり，香港，シンガポール，韓国，ロシアなどを含めて東アジアの独立した経済圏を立ち上げることができれば，世界の巨大マーケットが誕生する。日本はその主導的役割を果たさなければならない。こうした試みは，東アジアの安定と共存・共生・協調・平和的な役割をも果たすことになる。

　わが国におけるブロック経済圏化への試みが，こうした動きのシミュレーション的役割を果たす結果となることを期待したいものである。わが国の発展はこうした東アジア経済圏およびロシアとの産業技術提携を行い，質の高い産業技術の提供とその見返りに資源確保と海外投資を促す上にある。そのための，共存共栄，共生できるようなパートナーシップマーケティング（pertnership marketing）をブロックレベル，国家レベルで行う必要があるだろう。

　こうした試みがお互いの経済圏や国家の利益を派生させることにつながる。自国やブロックの利益ばかりを追求するのではなく，まず相手のブロックや国家に利益を供与するというホスピタリティーマインドの精神を自ら持つ必要がある。相手にアクションを起こさせるのではなく，こちらからアクションを起こしメッセージを送るのである。

　こうした関係性を互いに構築するインタラクティブマーケティングが望まれる。インタラクティブするということは，コラボレーションするということに

他ならない。コラボレイティブマーケティングの到来である。

マーケティングは，商業学の領域のみならずブロックビジネスや国際ビジネスとの関係においても成立する。ブロックマーケティング，国家マーケティングの到来である。マーケティングという既成の概念を創造的破壊して，ブロック経済圏や東アジア経済圏のマーケティングというように拡大解釈して考えればよい。既成概念にとらわれているようでは，創造的破壊は起こらないし現実のものにならない。

第8は，「独自の年金・福祉・雇用，文化・芸術・スポーツ，NPO・ボランティア，市民活動など」の地域ネットワーク社会の構築である。特に，年金・福祉の問題はブロックのオリジナリティーを尊重し，国家は国民の掛金に見合うべく退職後の生活保障が十分に反映できるよう，ブロック行政の取り組み方や社会貢献度および市民の評価を加味した一定の基準に基づいて交付すべきシステムを導入する。

退職後にフルタイム勤務の給与が多すぎると年金の停止率があるというような法律は，政治の失敗を露呈するものであり，根本から考え直す必要があるだろう。退職後，健康で仕事をやろうという高齢者の仕事に対する意欲を根本から失わせる。

地域ネットワーク社会の構築は，行政と市民，NPOなどのボランティアが協創し，英知を結集して人間性の構築，つまりヒューマンネットワークが作れるような市民に優しいホスピタリティーマーケティング（hospitality marketing）の発想が大切である。

4　危機管理とマーケティング

第9の外交・防衛については，「地域民間大使派遣制度の充実や地域安全保障制度」という認識を目覚めさせ，日頃から危機管理，リスク＆クライシスマネジメントの重要性を市民レベルで構築できるようなセーフティーネットワークシステム（safety network system）を立ち上げる。

外交・防衛の問題は，日本国憲法の条文に則り平和的手段を講じて，これに当たることをモットーにし現実的に対応していく必要がある。外交・防衛問題

は，ある意味では国家マーケティング戦略の一環としてとらえ，クライシスマネジメントと同様に，クライシスマーケティング（crisis marketing）[10]の発想が大切である。

　最近では，イラクの核開発問題や北朝鮮における核開発再稼働の動き，生物科学兵器による脅威などわが国にとっても無視できない事態になりつつある。北朝鮮がアメリカとの同盟国である日本を攻撃してこないという保証はどこにもない。アメリカが守ってくれるという論理は，主権国家として機能しないことを表明するようなものである。現在，有事法制に関して国会で議論が交されているが，国家は憲法第9条の問題どころではなくなってきて，核のボタン1つで議論する暇もないほど緊迫した事態に陥るであろう。天然痘などの細菌による生物化学兵器の存在が現実のものであるならば，こうした兵器に対するワクチン等が完全に準備されているのかどうかという問題がでてくる。こうした事態に対処するためには，国家医療危機管理問題を真剣に考えざるを得ない。

　話し合いや国連による核査察によって決着をするように持っていくことが賢明であると思うが，自衛のための防備体制だけは事前にきちんととっておく必要がある。先制攻撃を受けてからでは遅い。外交問題というのはこうした体制が整って初めて対等に話ができるのである。こういった点について，わが国は少し無頓着なのではないだろうか。国家防衛大綱のようなものはあると思うが，国民レベルで誰にも理解できるようなものをイラスト漫画風にアレンジするなど，危機管理意識を浸透させるようなものがあるとよい。大げさかもしれないが，自分の身は自分で防衛するというような感覚は，幼少の頃からあった方がよいと思われる。なぜならば，自立心が旺盛になり，自分が危機に陥ったときの判断力や自己防衛本能が芽生えるからである。国家防衛大綱というと大げさであるが，こうしたきっかけを自分の生き方や精神力構築の手段に使うのは悪いことではない。

　さらに，日本固有の災害（地震・台風など）に対する身構え方・感覚を自然なかたちで身を以て覚え込ます，あるいは養っておくことは，人生における大きな手助けになる。ピンチ，つまり逆境に陥ったときの対処法としての意味合いも包含しているからである。

外交を，何も国家と国家の間のものとは考えないで，文化や言葉や宗教が違う生身の人間と人間のおつきあい，コミュニケーションであるという風に身近な問題としてとらえることである。貿易という手段も外交であり，学生のホームステイも立派な民間外交である。交換留学生も然りである。こうした機会を円滑かつ平和的に行うのが外交上手というものである。民間外交こそ真の外交であるかもしれない。外交上手はマーケティングコミュニケーション上手でもある。

　第10は，政策評価基準の策定と評価システムの導入である。国家は戦略を掲げ国家マネジメントおよびマーケティング概念を導入し，政策が予定通りに具現化されたかどうかを政策評価基準を設けて，独立した第三者機関の監査を受ける必要がある。

　こういったチェックシステムが働かないと行政効果は上がらない。こうした監査結果や評価結果の情報公開制度を設けて，国民に問うということも必要である。いわば，国家マーケティング戦略の成果の公表・公開である。企業における業務監査や会計監査と同様に国家マーケティング戦略の監査を行うのである。

　以上，幾つかの行政領域について，地方分権・権限の地方への委譲によるブロック圏形成ということを仮定し想定した国家マーケティングマネジメント戦略について論述してきた。基本的には政治問題は，家庭問題であり企業問題であり地域社会問題でもある。

　いかに，地域住民が納得し満足のいくモノやコト，心のサービスを提供できるかに全てが係っている。国家ミッションや各々のブロックにおける地域ミッションを地域住民との間に策定し，そのミッションをコミットメントし，いかにミッションの必達を図ることができるかに全てが係っているといえよう。

[注]
1) 東京都政策報道室計画部編集『東京構想2000』東京都政策報道室都民の声部情報公開課発行，2000年。
2) 交通需要マネジメント（TDM＝transportation demand management の略）とは，自動車の効率的利用や公共交通への利用転換など，人々の交通行動の変更を

促して，自動車交通量の抑制や集中の平準化といった交通需要の調整を図ることにより，交通渋滞を緩和する仕組みをいう（同上書，p.49）。

3） ヒートアイランド現象とは，都市部にできる局地的な高温域。郊外に比べて都心部ほど気温が高く，等温線が島のようなかたちになることからこの名がついた。大量の熱エネルギーの放出，水分の蒸発散機能の低下，蓄熱の夜間放出などが原因といわれている（同上書，p.158）。

4） エンプロイアビリティーとは，企業内部だけでなく外部労働市場でも通用する職業能力をいう（同上書，p.135）。

5） ワンストップサービスとは，情報通信技術を活用して，利用者に自宅または身近な場所の端末から各種の行政サービスを提供する仕組みをいう。申請・届出等の手続きのため複数箇所または数回にわたり行政機関を訪れることが必要なものについて，オンラインにより1カ所または1回で各種の行政サービスを提供する。休日や夜間でも申請が可能となる（同上書，p.67）。

6） 自宅や小規模のオフィスでパソコンやインターネットを使いながら仕事をする新しい勤務形態のことを指していう。スモールオフィス・ホームオフィスを略してSOHO（ソーホー）と呼ばれる。パソコンの普及やデータ通信などのネットワークインフラ整備が背景にあるが，大企業も本社に来なくても仕事を進められる勤務形態を取り入れはじめ，電子化がこれまでのワークスタイルを変えようとしている（「毎日新聞」1998年3月24日付け）。

7） 国家戦略とは，国家の経営理念を基礎に国家ミッションを基軸にしたマネジメント＆マーケティング戦略を総称して命名しなものである。国家に民間企業におけるところのマネジメントやマーケティング発想を取り入れてこのように言ってみた。

8） 国家ミッションとは，企業ミッションがあり従業員ミッション，顧客ミッション，株主ミッション，ステークホルダーミッション，社会ミッションというフローがあるように，国家にも使命があることからこのように命名したものである。国家の使命は，国民福祉の向上，平和と安全，安心社会を創ることである。

9） 「私をマーケティングする」とは，選挙権を持つ有権者である国民1人1人が自分ミッションを持ち，よき意図，よき使命，よき見識を具現化するために，自分らしさを売り込むためのマーケティング行動を指してこういってみたものである。

10） クライシスマーケティングとは，国家の危機管理を徹底させる危機的症状のマーケティングを指してこのように呼んでみたものである。

第8章
非営利組織体のマーケティング評価

1 NPOにおけるマーケティング評価

　非営利組織には，営利組織体とは異なり利益を上げることを目的とするのではなく，よき意図および使命を目的とし，高潔なマネジメントやマーケティングを行うことによって，成果を上げていくことが期待される。

　NPOにおけるマネジメントの締めくくりが，マネジメントの成果を評価することであるのと同様に，マーケティングにおいてもその成果を評価する必要がある。評価の仕方は，企業経営や企業のマーケティングの評価とは異なる。

　NPOのマーケティングの評価は，ミッションが必達されたかどうかを見るものであり，受益者満足に繋がったかどうかを評価するのである。そのプロセスは企業経営における顧客満足マーケティング評価とは異なる。

　企業経営における目標は顧客満足をさせることによって最終的には企業利益を追求していくことにある。重要なのは企業利益を上げることであり，その手段として顧客利益を優先させているにすぎないということである。

　NPOの場合は，使命→組織→貢献→成果というフローそのものは，企業のそれとあまり変わらないが，よき意図，よき使命を貫徹する意味において評価は異なるのである。企業利益の追求のようにワンクッションおかないところが違う。寄付者の善意よき意図およびよき使命，よき公約が直接的にそのまま受益者に反映されるところが違うのである。

　そして，そのためには，理事者や評議委員，職務に携わる職員の高潔性やホスピタリティーマインド，いかにしたら支援者から寄付金を集めることができ

るか，寄付金の適正な使用がなされたか，受益者は支援者・寄付者や職員の仕事を通じて真の満足を享受しえたかどうか，よき意図やよき使命，よき公約を具現化するような事業計画書になっているかどうか，決算書はミッションの成果を必達し反映した表現になっているか，広報活動を初めとするマーケティング活動のあり方などが問われることになる。

このような視点から，マーケティング評価が行われなければならない。財務内容にこうしたマーケティングマネジメントの成果が反映されているかどうかが判明し，情報を公開できるような内容のマーケティング監査や評価基準を設けなければならない。

広く社会に対して，支援者や寄付者のよき意図や使命が有効に機能したかどうかを公表できる筋合いの評価をすべきである。企業における場合の評価は定量的な数字で評価することができる。NPOの場合は定量的な評価が困難であるといえよう。数字だけでははかれないのがNPOにおけるマーケティング評価の特徴である。

2　ラブロック，ウェインバーグの自己監査基準

1　マーケティング監査の構造

ラブロック，ウェインバーグの公共・非営利のマーケティング監査によれば，マーケティング監査のための構造は図表8-1のようになっている。

この図表によれば，マーケティング監査の概要は，①外部環境，②内部環境，③マーケティングシステム，④マーケティング活動分析の4つのカテゴリーに分かれている。詳細は，図表を見ていただきたい。

2　外部環境および内部環境に関する監査チェックリスト

外部環境のための質問表および内部環境のための質問表は，各々図表8-2並びに図表8-3のようになっている。前者において，ラブロックおよびウェインバーグは，①マクロ環境，②市場，③競争者，④その他の社会集団という監査チェック項目を挙げており，後者においては，①使命，②目標およびゴー

図表 8 - 1　マーケティング監査の構造

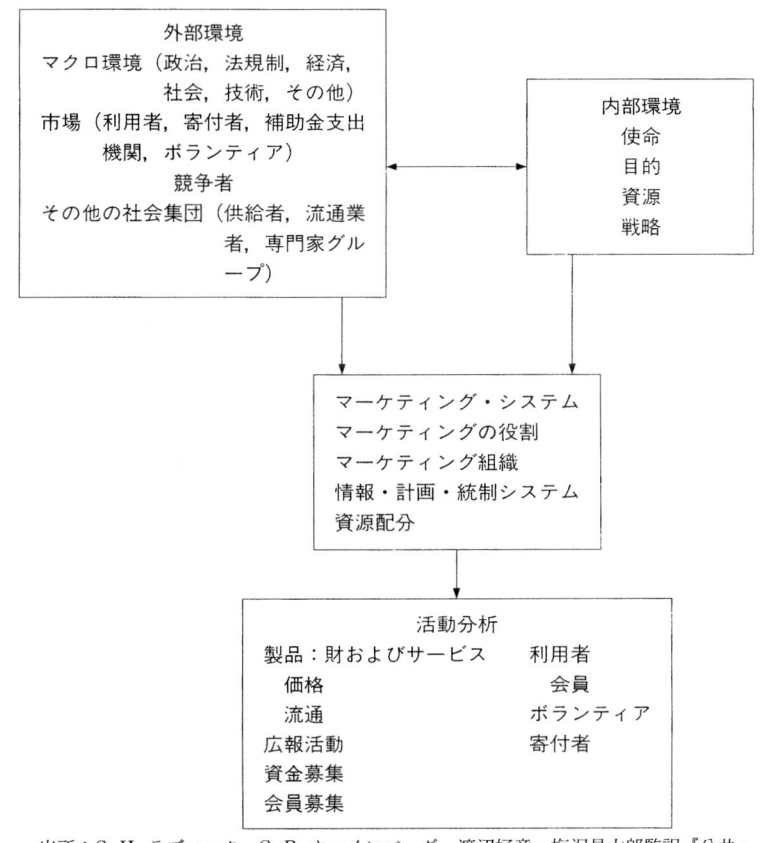

```
外部環境
マクロ環境（政治，法規制，経済，
　　　　　社会，技術，その他）
市場（利用者，寄付者，補助金支出
　　　機関，ボランティア）
競争者
その他の社会集団（供給者，流通業
　　　　　　　者，専門家グループ）
```
　　　　⇕
```
内部環境
使命
目的
資源
戦略
```

↓

```
マーケティング・システム
マーケティングの役割
マーケティング組織
情報・計画・統制システム
資源配分
```

↓

```
活動分析
製品：財およびサービス　　利用者
　価格　　　　　　　　　　会員
　流通　　　　　　　　　　ボランティア
　広報活動　　　　　　　　寄付者
　資金募集
　会員募集
```

出所：C. H. ラブロック，C. B. ウェインバーグ，渡辺好章・梅沢昌太郎監訳『公共・非営利のマーケティング』白桃書房，1991年，p.56。

ル，③資源，④戦略といったチェック項目を挙げて監査項目としている。

3　マーケティングシステムに関する監査チェック項目

　ラブロックおよびウェインバーグは，マーケティングシステムに関する監査チェック項目として，図表 8 - 4 の通り，①マーケティングの役割，②マーケティング組織，③情報・計画・統制システム，④資源配分の 4 項目を挙げて監査項目としている。

図表 8 - 2　外部環境に関する監査チェック項目

〔マクロ環境〕
1．この組織の外部環境（政治，公的規制，経済，社会，文化，技術，その他）の短期・長期の発展または傾向の中で，組織にとって重要かつ関連のあるものはなんですか？
2．これらの要素が組織（利用者，標的，寄付者など）にあたえるインパクトはなんですか？　どんな機会あるいは制約がでてくると思いますか？

〔市場〕利用者，標的，寄付者，ボランティアなど
1．この組織の主な市場すなわち利用者，寄付者などの各々について，その大きさ，成長率，全国的および地域的傾向などを記述してください。そしてどこに主な成長機会があると思いますか？
2．各社会集団の中でどの人びとが主要セグメントですか？　これらのセグメントはどのような特徴をもっていますか？　またこれらセグメントは時とともにどのように変化していますか？　どのセグメントがもっとも可能性がありますか？
3．この組織は各セグメントにどのような便益を提供していますか？　その便益は競争者が利用者に提供している便益と比べてどうですか？　私的・公的後援者に対してはどうですか？
4．利用者のうち繰り返し利用者対新規利用者の割合はどれくらいですか？　利用者の何％くらいがライトユーザー（低利用者）に分類されますか？　ヘビーユーザーはどれくらいですか？
5．利用者はどのようにしてこの組織のサービスを知り，試してみる決心をしたり利用したりするのですか？　それはいつ，どこで？
6．この組織の評判はどうですか？　それは競争者の評判と比べてどうですか？
7．これらの質問をすべての関連市場に適用してみてください。

〔競争者〕
1．誰がこの組織の直接・間接の競争者ですか？　現在の競争者と可能性のある競争者の双方について答えてください。競争者の大きさ，成長率，市場占有率，その他重要な要素を述べてください。
2．重要な競争者について，なにが彼らの強みであり弱点であると思いますか？　彼らはどんな戦略をとっており，将来どのように進めて行くと思いますか？
3．この組織が競争している主要市場での位置づけはどのようなものですか？
4．顧客，供給者，助成者などからどんな競争上の脅威が提起されていますか？
5．競争の問題については利用者市場・寄付者市場の双方について検討してください。

〔その他の社会集団〕
1．その他の重要な社会集団（流通業者，供給者，専門職業グループなど）について，そしてそれらとこの組織との間の，現在および将来の相互作用について述べてください。どんな傾向や変化が起こりつつありますか？
2．これらの社会集団からどのようなサービスの代替源，あるいは資源が提供されていますか？　その代替物はどんな利点・欠点を持っていますか？
3．これらの各々の社会集団はこの組織にとってどれくらいクリティカルですか？　もし現在のこれら社会集団が利用できなくなったとしたら，その代わりはありますか？

出所：C. H. ラブロック，C. B. ウェインバーグ，渡辺好章・梅沢昌太郎監訳『公共・非営利のマーケティング』白桃書房，1991年，p.60。

図表 8−3　内部環境に対する監査チェック項目

〔使　命〕
1. 組織の使命はなんですか？　組織はどんな事業をしていますか？　今後5年以内に組織の使命の変更を考えているとすればそれはどんなことですか？
2. この使命はどのようにして出されて来たのですか？　またそれはなぜ選ばれたのですか？
3. その使命はどのくらい組織内に理解されていますか？

〔目標およびゴール〕
1. 定められた組織目標はどんなものですか？　その目標は明記されたマーケティング目標と論理的に結びつきますか？
2. 組織のマーケティング目標は職階順に記述されていますか？　目標は進捗度が測定できるように数量化されていますか？　目標は組織の資源からみて合理的なものですか？　目標は重要な問題に重点的に設定されていますか？
3. 組織が重要な分野で事業の進展を跡づけられるような，一連の業績評価尺度が設けられていますか？

〔資　源〕
1. 組織の主要資源およびその限界（人，資金，技術，その他）はなんですか？　組織はどんな能力を持っていますか？　組織はなにか他と区別できる利点を持っていますか？
2. 組織の資源は競争者のそれと比べてどうですか？　組織の資源は組織目標に対して適当ですか？
3. 今後5年間，組織内部で変革（たとえば新しい設備，廃止・縮小）を考えていることがあれば，その計画を述べてください。

〔戦　略〕
1. 利用者，寄付者，その他に対する組織の核となるマーケティング戦略はなんですか？　その戦略を成功に導くカギとなる要素はなんですか？　その戦略は，外部環境および内部環境に照らして適切ですか？
2. 主要な資源の配分決定は，戦略と整合していますか？

出所：C. H. ラブロック，C. B. ウェインバーグ，渡辺好章・梅沢昌太郎監訳『公共・非営利のマーケティング』白桃書房，1991年，p.64。

4　マーケティング活動分析に関する監査チェック項目

　ラブロックおよびウェインバーグによれば，マーケティング活動分析に関する監査チェック項目として，図表8−5に見るように，①製品またはサービス，商品，②価格（サービス料金が課されている場合のみ），③流通（サービス供給の時間と場所），④コミュニケーション（広告，人的販売，ダイレクトメール，販売促進および広報，⑤資金募集，⑥入会登録）等となっている。
　この項目は，マッカーシーのマーケティングの4Pを基礎に公共・非営利組

図表 8-4　マーケティングシステムに関する監査チェック項目

〔マーケティングの役割〕
1. 組織に上級役員レベルのマーケティング管理者をおいていますか？　その人の権限レベルはどれくらいですか？　組織内では誰がマーケティング上の問題に従事していますか？
2. 組織内でのマーケティングの役割はなんですか？　どの範囲の活動がマーケティングの範疇に入りますか？　十分な資源がマーケティングに投入されていますか？
3. 組織のマーケティング方針はなんですか？　それは公式な文書になっていますか？　それは十分に考えぬかれ，組織内で意見一致をみたものですか？　方針を決定するのは誰ですか，また方針の変更はどのようにして行われますか？

〔マーケティング組織〕
1. マーケティング組織は機能または製品あるいは市場別に構成されていますか？　組織構造は適切ですか？　十分なマーケティングの専門知識が組織内にあるか，あるいは利用可能になっていますか？
2. 利用者に対するマーケティング組織は，どのように寄付者および他の社会集団関係の部門と相互関連していますか？
3. マーケティング組織内のいろいろな部門間の関係はどうですか？　そこには良好な協働関係がありますか？
4. マーケティングは他の機能分野，とくに実行部隊とどれほど効果的に相互に影響しあっていますか？　そこには相互支援関係や相互理解がありますか？　組織は全体として顧客へのより良いサービスを目指すよう構成されていますか，それとも内部の便利さを中心に構成されていますか？
5. 組織は公式の新製品開発（旧製品削除）システムをもっていますか？　そのシステムは新製品の発想，開発，分析，テスト，市場導入に有効ですか？

〔情報・計画・統制システム〕
1. 組織はマーケティングの計画および統制システムをもっていますか？　年次マーケティング計画は策定され実行されていますか，またそれは統制システムの基準として利用されていますか？
2. タイムリーで正確，適切な情報をつくりだす市場情報システムがありますか？　市場および他の社会集団に関してどんな情報を組織はもっていますか？
3. 市場調査はどのように使われていますか？　どんな市場調査が利用可能ですか？　市場調査は意思決定にどのような影響をあたえますか？

〔資源配分〕
1. マーケティング・ミックスの各要素の目標と役割は明確にされていますか？　資源配分決定はこれら目標や役割を反映していますか，またこれら決定は健全な分析にもとづいていますか？
2. マーケティング資源配分は種々のセグメント，サービスや地域，さらにはマーケティング方針・マーケティング計算に明記された種々のマーケティング活動の重要性を反映していますか？　これらの配分は経済的にみて合理的ですか？
3. 組織は定期的に活動の効果をリビューし，資源配分決定の評価を実施していますか？　それらはどのように行っていますか，そしてその結果はどうでしたか？

出所：C. H. ラブロック，C. B. ウェインバーグ，渡辺好章・梅沢昌太郎監訳『公共・非営利のマーケティング』白桃書房，1991年，p.69。

図表 8-5　マーケティング活動分析に関する監査チェック項目

〔商品〕――製品またはサービス
1. 組織が提供する主なサービスはなんですか？　それらは相互に補完的ですか，あるいは不必要な重複がありますか？
2. 各サービスについて，(a)収入（金額とマーケットシェア），(b)利用者（その数とマーケットシェア），(c)コストその他，の観点からみたボリューム，傾向および将来の期待を述べてください。
3. もし組織が多数の施設または支部をもっている場合は，前項の質問に対する回答は主な部門または支部ごとにしてください。
4. 各プログラムの経済性分析からわかることはどういうことですか？
5. 市場から，あるいは市場以外からの，サービス量を増加または減少させるべきだとの圧力はどうですか？　質についてはどうですか？
6. 各サービスについて，なにが弱点ですか？　(a)どういうミスがもっとも多いですか？　(b)主な苦情はどういうことですか？　(c)苦情はどのように処理していますか？

〔価格〕（サービスに料金が課されている場合のみ）
1. 価格政策の立案と再検討の手順はどうなっていますか？
2. 価格は需要適応型あるいは競争適応型ですか，それともコスト適応型ですか？マーケット・セグメントや利用時間，あるいはサービス利用量によって違いがありますか？　価格政策の経済性はどうですか？
3. サービスの原価見積りは可能ですか，そしてそれは価格決定に利用されていますか？
4. 支払いはどういう方法で受け取っていますか（たとえばクレジット・カード，口座振替，小切手など）？
5. どんな基本料金の割引が提供されていますか，その根拠はなんですか？
6. 払い戻し契約はどうなっていますか？
7. どんな短期的販売促進価格政策が採用され，どんな効果をあげていますか？

〔流通〕――サービス供給の時間と場所
1. 地理的にはどういう地域にサービスを提供していますか？
2. 各地理上のサービス地域はニーズや資源投資収益などの順に優先順位がつけられていますか？
3. サービス供給は地方分散化されて（広がって）いますか？　サービスの情報や予約，支払いは地方分散化されていますか？
4. 流通システムの経済性はどうですか？
5. サービスの供給センターは社会から認識されていますか？　センターの場所はすぐわかるようになっていますか？　そこに指令をだすのは容易ですか？　公共輸送機関の便や自転車または自動車の駐車の便はどうですか？　身体障害者の利用は容易ですか？
6. 利用者がサービスを利用できる時期はつぎのどれですか？　(a)1年のうちの何シーズンか，(b)1週間のうちの何日か，(c)1日のうちの何時間か
7. サービス提供頻度はどれくらいですか？　多数回繰り返し提供もありますか？

8．前2項の質問の回答にあったタイミング決定は利用者の好みの分析の結果ですか？ なされた選択はどの程度までスタッフおよび／またはボランティアの便宜を反映していますか？ 過去からの惰性ですか？

〔コミュニケーション〕——広告，人的販売，ダイレクトメール，販売促進および広報
1．コミュニケーション・ミックスの各要素には明確な目標がありますか？ 各活動はどのようにそれら目標と関連していますか？
2．各要素への予算はどのようにして決定されますか？ 予算は適切な水準にあると思いますか？ どのプログラムや市場に販売促進を集中するかの決定はどのようになされますか？
3．広告のテーマやコピーは効果的ですか？ 利用者，寄付者，ボランティア，組織職員は広告をどう思っていますか？
4．つぎの媒体は現在使用中ですか？ (a)新聞・雑誌，(b)ラジオ・TV，(c)その他（たとえば教会の会報，ニュースレター，学校カタログなど），(d)電話帳，(e)展示会，看板，ポスター，(f)ダイレクトメール
5．組織には有償またはボランティアの広告代理店がありますか？ その広告代理店は組織にとってどんな機能を果たしていますか？
6．広報や販売促進の結果ででてきた消費者の問い合わせを処理するのにどんなシステムが用いられていますか？ どんなフォローアップが行われていますか？
7．寄付金募集またはサービス利用増進のための，有償またはボランティアの人的販売部隊が存在しますか？ もしあれば，その販売部隊はどのように組織され，管理されていますか？
8．組織はどんな基準にもとづいていろいろなコミュニケーション・プログラムの有効性を測定しますか（たとえばそのサービスに気づいている人の数，そのサービスに関する知識，組織に対する態度，プログラムへの参加，資金提供)？
9．広報活動は普通どのように取り扱われますか？ それは誰によってですか？
10．異なる市場に対する販売促進はどのように計画され，指揮されますか？
11．カタログや指導用小冊子は読みやすく理解しやすい（恩着せがましくなく）ですか？ 見込み利用者が，用語に曖昧さを感じたり，謝って理解したりするおそれはないですか？ 理解を助けるために図などが効果的に用いられていますか？
12．年次総会や年次報告書で組織とそのサービスをどのように述べていますか？ これら2つの媒体が実際に届けられるのは誰のところですか？ これら刊行物からの便益はコストに見合ったものですか？

〔資金募集〕
1．組織の資金募集事業の標的市場はどれですか？
2．どんな資金募集プログラムを組織はもっていますか？ 潜在寄付者にはどんな便益が提供されますか？
3．各々の資金募集プログラムについて，現在の傾向，過去の傾向および将来の見込みはどうですか？ 絶対数とマーケットシェアで示してください。
4．資金募集プログラムの経済性分析の結果どんなことがわかりましたか？
5．監査のコミュニケーション部分を資金募集にも適宜応用してみてください。

〔入会登録〕

1．応募者，あるいは団体のメンバーになる人は誰ですか？　潜在会員は組織のことをどうみていますか？　いつ，そしてどのようにして利用者または非利用者がメンバーになりますか？
2．どの見込み会員を誰が訪問するかはどのようにして決定されますか？　接触の頻度はどのようにして決定されますか？
3．サービス利用者の入会登録の責任者は誰ですか？　その人たちはなんらかの販売訓練を受けていますか？　結果を測定したり改善勧告をあたえる場としての報告会議は定期的にもたれていますか？
4．入会奨励のために専門スタッフの時間をどれくらい割いていますか？　もっと多くの人たちを入会させるために，スタッフにはどのようなインセンティブがあたえられていますか？
5．新規会員募集の推進に割かれる典型的プログラム管理者の時間はどれくらいですか？　既存会員に奉仕する時間とくらべてみてください。

出所：C. H. ラブロック，C. B. ウェインバーグ，渡辺好章・梅沢昌太郎監訳『公共・非営利のマーケティング』白桃書房，1991年，pp.73-74。

織体のマーケティングに適合するよう項目立てをしているものと思われる。

3　ドラッカーの自己評価基準

ドラッカーは，非営利組織体における（マーケティング）マネジメントの自己評価について，「使命を明らかにし，人材を的確に配置し，継続して教え，学ばせ，目標と自己管理による（マーケティング）マネジメントを行い，要求水準を高くし，責任をそれに見合うものとし，自らの仕事ぶりと成果に責任を持たせることである」[1]と論究している。さらに，非営利組織の自己評価法として，次の5つのコンセプトを挙げている[2]。

1　使命・仕事・仕事ぶりに関する自己評価……われわれの使命「仕事」は何か？

使命とは，組織の存在理由そのものであり，組織が到達すべき最終目標であるという観点に立って次のようなチェック項目を挙げている[3]。

①　何を達成しようとしているのか？
②　求められている具体的な成果とは何か？
③　主な長所は何か？　主な短所は何か？
④　使命を見直す必要があるか？

第8章　非営利組織体のマーケティング評価

2　顧客に関する自己評価……われわれの「顧客」は誰か？

顧客とは，組織が提供するサービスを受けたり否定したりできる人であり，複数の顧客が存在するとして次の4項目をチェック項目に挙げている[4]。

① 顧客は誰か？
② 支援してくれる顧客は誰か？
③ 顧客は変化したか？
④ 新たな顧客を加えるか，もしくは削るべきか？

3　価値に関する自己評価……顧客は何を「価値」あるものと考えるか？

組織を通じて提供するサービスについて，本当に顧客の役に立っているか，無駄なサービスをしていないかという観点に立って，次のようなチェック項目を挙げている[5]。

① 第1の顧客は何を価値あるものと考えるか？
② 支援してくれる顧客は何を価値あるものと考えるか？
③ 顧客が価値あるものをわれわれはどの程度提供しているか？
④ より効率的に仕事をするために，顧客が価値あると考えるものを，どのように活用すればよいか？
⑤ どのような追加情報が必要か？

4　成果に関する自己評価……われわれの「成果」は何か？

成果とは，組織がその使命に基づいて達成すべきものであるとし，いったん使命が明確化されたならば，それを目標や目的，行動に移行しなければならないという観点に立って次の3項目をチェックすべきだとしている[6]。

① 成果をどう定義するか？
② どの程度成果を上げたか？
③ 資源をうまく活用しているか？

5　計画に関する自己評価……われわれの「計画」は何か？

組織がよい仕事をしようと思ったならば，自分の使命を明確に定義しない限

り失敗する。その理由は組織の具体的な成果は，組織の持つ「使命」によって定義づけられるからである。特定の顧客のための特定な戦略に焦点を当てた具体的な目標や計画がいる。このような観点に立って，次の6項目をチェックすることを挙げている[7]。

① 何を学び，そして何を提案したいのか？
② どこに重点を置くべきか？
③ 別の方法で行うべきものは何か？
④ 自分のグループもしくは担当分野で成果を上げるためには，どのような計画がよいのか？
⑤ 組織として成果を上げるためには，どのような計画がよいか？
⑥ 何を学び何を提案したいのか？

4　三宅の自己評価基準

1　ミッション必達に関する自己評価……使命は必達されたか？

　NPOにおけるミッションの必達は，決して数字で表すことができるような単純な概念ではない。資金をよき意図のために使うということは，企業経営における利益を達成するといったような生やさしい次元のものではなく，高潔で崇高な概念であるが故に評価は困難を極める。

　それは，どのくらいミッションを必達し受益者満足をさせたかという度合いを測るのが極めて困難を伴うからである。企業における目標利益を達成するのとは，満足の中身・内容が異なるのである。

　満足は期待と効用との関数関係で表すことができるが，NPOにおけるミッションの必達による満足は，いかに満足させても満足し過ぎることはないといえよう。しかしながら，定性要因の定量化への試みはできないことはない。しかしこれとて，自主基準でありこれですべてよいというわけにはいかないのである。

　支援者や寄付者，受益者，担当スタッフ，理事者，評議委員などから，主観あるいは客観的なアンケートでも採って集計し百分比を出すことくらいなら可

能である。アンケートによる客観的効果測定は，項目の取り方と標本，つまり母集団の取り方に気をつけなければならない。

こうした結果を基にして，事業計画と結果・成果との差異分析をし，次年度の事業計画に活かすような試みは可能である。

2　寄付者・支援者に関する自己評価……支援者・寄付者満足は必達されたか？

支援者・寄付者満足は，受益者・利用者満足の達成を以て必達される。よき意図，よき使命，汚れなき良心によって，支援者・寄付者の思いが受益者の思いと一致するかそれ以上に反映されることが好ましい。

もちろん，こうした支援者・寄付者から提供された資金が事業計画を通じてどのように使途されたかを情報公開する必要がある。財務数字および決算書の内容である。よき意図，善意，よき使命をムダにしないような資金の使われ方をしなければならない。そして支援者・寄付者に継続して支援していただけるような受益者満足を構築することである。これがNPOに携わる者の使命でもある。

3　受益者・利用者に関する自己評価……受益者満足は必達されたか？

受益者満足は，支援者・寄付者満足でもある。受益者がサービスの提供を受けて満足をしたかどうかは，受益者本人に聴いてみなければ本当ところは分からない。しかしながら，どのようなサービス行為をすれば，満足してくれるかをあらかじめ予測しておくことは，大切なことである。

それにNPOにおけるサービス行為は，極めて労働集約的な行為が多く，マンツーマンによるサービス反応が即，跳ね返ってくる筋合いの行為行動が比較的多い。サービス行為に対する効果が早いのである。

したがって，サービス行為を行いながら受益者の反応を確認できるという仕事の特殊性があり，受益者満足を自己評価できる場面が設定されているようなものである。社会福祉法人における介護サービスやショートステイ，巡回入浴を初め，医療法人における看護師の業務等々，対面効果による評価がしやすいという特色がある。

受益者に直接アンケートを採るなどの客観的な方法もあるが，アンケートを採らないと効果測定ができないようでは失格である。受益者満足を日常業務の中から把握し，その効果・成果を確認する意味でたまに行うくらいに考えた方がよいのではないだろうか。

4 マーケティング成果に関する自己評価……どのような成果を上げたか？

NPOにおけるマーケティング成果は，やはりNPOの目的であるよき意図，よき使命，善意・良心，よき公約を理解してくれると同時に，事業活動に対して賛同してくれ資金提供などの支援をしてくれる寄付者や支援者を捜し求めて，事業活動を社会的に拡大していき世のため人のために仕事をどのように推進させていくかということではないだろうか。

こうしたマーケティング機能を有効ならしめるためには，ミッションの必達に対する共有共通認識を持ち，高潔性と協創・協働の精神，思いやりの精神が存在しなければならない。マーケティング成果は，理事者であるトップマネジメントによって行われる。

トップマネジメントは，マーケティング成果を上げるためにマネジメント成果を上げなければならない。マネジメントとマーケティングは連動しているのである。公金を授かっている理事者および評議委員は資金提供の額を公表し，どのように事業活動に資金投入して受益者満足をさせるか，資金の使途についても会計を明朗・明確にしなければならない。NPOの理事者の使命→責任→組織→成果→評価は連動しているのである。理事者の仕事ぶりが問われるのである。

5 マーケティング責任者に関する自己評価……仕事ぶりはどうだったか？

マネジメントの下位概念であるマーケティングという仕事の仕事ぶりは，ただ理事者だけのものではない。その下部組織である担当スタッフの仕事ぶりも問われる。担当スタッフの仕事ぶりを管理するのは，もちろんトップマネジメントである。もし，担当スタッフがミッションの必達に滞るような仕事ぶりをした場合には，当然のトップの責任問題になる。

もし公金の横領などの不祥事が経理担当職員の中からでようものなら，たとえ権限を委譲しているとはいえ，本人はもちろん理事者の責任問題にまで発展する。社会福祉法人などの公金横領事件などが発生することのないように十分に留意しなければならない。

6　マーケティング監査に関する自己評価……財務内容および決算書にマーケティング成果は十分に反映されているか？

　財務内容の監査はもちろん必要であるが，マーケティングマネジメントの監査も重要である。支援者・寄付者から授かった大切な公金を，どのように事業活動に活かしよき意図，よき使命，よき公約に応えることができるか，そのプロセスに落ち度はなかったかを必要かつ十分に監査する必要がある。

　監査は成果を上げるために行われる。不正や不祥事を未然に防ぐためだけではない。ミッション必達のための成果を上げる担当スタッフの仕事ぶりをも評価しなければならない。

7　ミッションマーケティングシステムに関する自己評価……経営理念，社会的使命，ビジョン・構想，経営目標，社会的責任，組織および組織文化，経営＆マーケティング戦略・戦術，資金，計画（長期・短期），貢献，成果，評価はどうだったか？

　マーケティング評価は，マネジメント評価の下位評価概念である。NPOにおける経営理念に基づいて，最上位に掲げられる社会的使命，つまりミッションが事業計画の基軸になり組織文化（organizational culture）[8]を通じて支援者や寄付者の満足のいく事業活動が行われ成果を上げることができたかどうかを，トップマネジメントの名においてその仕事ぶりを評価する。

　NPOにおけるミッションマーケティングシステムの評価は，NPOの経営理念→社会的使命→ビジョン・構想→経営目標→社会的責任→組織および組織文化→経営＆マーケティング戦略・戦術→資金調達→事業計画（長期・短期）→社会貢献→経営およびマーケティング成果→経営およびマーケティング評価というフローで進めていくとよい。個々の項目の評価も大切であるが，トータ

図表 8-6　非営利組織創始者による組織の成功・失敗の主要因と順位づけ

成　功　要　因	失　敗　要　因
1．明確な目標	1．不明確あるいは矛盾した目標
2．成功への意欲	2．成功への意欲の欠如
3．目標の数の絞り込み	3．利害の衝突
4．目標達成のための計画とスケジュール	4．冗漫な計画
5．実感しうる勝利	5．目標達成のための計画，スケジュールの欠如
6．刺激的な計画	6．旧式あるいは不正確な会計処理
7．快適さ	7．少なすぎる資金
8．強い理事会	8．多すぎる目標
9．ヒモ付きの収入	9．献身的な指導者の不足
10．最新の会計処理	10．有給職員の不足

出所：John Flanagan, *The Successful Volunteer Organization*, Contemporary Books, 1981, pp. 5-6. C. H. ラブロック，C. B. ウェインバーグ，渡辺好章・梅沢昌太郎監訳『公共・非営利のマーケティング』白桃書房，1991年，p.260。

ルシステムとして評価しなければならない。

　図表8-6は，非営利組織創始者による組織の成功・失敗の主要因と順位づけを示したものである。この図表を見ても明確な事業目標やミッション，成功へのモチベーション，目標必達のための具体的なスケジュール管理などが成功要因となっていることがわかる。非営利組織体のマーケティングやマネジメントの成果をあげるための参考にしてもらいたい。

［注］
　1）　P. F. ドラッカー，上田惇生訳，ダイヤモンド・ハーバード・ビジネス編集部編『P. F. ドラッカー経営論集』ダイヤモンド社，1998年，p.104。
　2）　P. F. ドラッカー編著，田中弥生訳『非営利組織の自己評価法』ダイヤモンド社，1998年，p.64。
　3）　同上書，p.69。
　4）　同上書，p.79。
　5）　同上書，p.89。
　6）　同上書，p.101。
　7）　同上書，pp.112-113。
　8）　ここでいう組織文化とは，非営利組織体における組織構成メンバーが共有している知識や行動様式のことを指していう。一般的には，企業における企業文化あるいはコーポレートカルチャー（corporate culture）とほぼ同義語であると考えてよい。

参考文献

アーサーアンダーセンビジネスコンサルティング著『ミッションマネジメント』生産性出版，1997年。
浅井慶三郎『サービスのマーケティング管理』同文舘出版，1989年。
浅井慶三郎『サービスとマーケティング』同文舘出版，2000年。
池上　惇・植木　浩・福原義春編『文化経済学』有斐閣，1998年。
石井淳蔵・奥村昭博・加賀野忠男・野中郁次郎『経営戦略論』有斐閣，1985年。
伊藤賢次『現代経営学』晃洋書房，1997年。
伊永　勉『災害ボランティア読本』小学館，1998年。
梅沢昌太郎『新版非営利・公共事業のマーケティング』白桃書房，1995年。
NPO・ボランティア研究会編『NPOとボランティアの実務』新日本法規，1998年。
海老澤栄一『地球村時代の経営管理』文眞堂，2000年。
奥林康司・稲葉元吉・貫　隆夫編著『NPOと経営学』中央経済社，2002年。
小野圭之介『ミッション経営のすすめ』東洋経済新報社，2000年。
角瀬保雄・川口清史編著『非営利・共同組織の経営』ミネルヴァ書房，1999年。
笠原　嘉『不安の病理』岩波書店，1981年。
J. K. Galbrauth, *The Affluent Society*, Houghton Mifflin, 1984. (鈴木哲太郎訳『豊かな社会』岩波書店，1990年)
川口清史『非営利セクターと協同組合』日本経済評論社，1994年。
河口弘雄『NPOの実践経営学』同友館，2001年。
河口弘雄「NPOの経営学の構築／マーケティングを中心として」奥林康司・稲葉元吉・貫　隆夫編著『NPOと経営学』中央経済社，2002年。
J. P. Gelatt, *Managing Nonprofit Organization in the 21st Century*, Oxy Press, 1992.
小島廣光『非営利組織の経営』北海道大学図書刊行会，1998年。
P. Kotler, *Marketing for Nonprifit Organizations*, 2nd ed., Prentice-Hall, 1982. (井関利明訳『非営利組織のマーケティング』第一法規出版，1991年)
P. コトラー，村田昭治監修，小坂　恕・疋田　聡・三村優美子訳『マーケティングマネジメント』第4版，第7版，プレジデント社，1983年，1996年。
P. Kotler, D. H. Haider & I. Rain, *Marketing Places*, The Free Press, 1993. (井関利明監訳『地域のマーケティング』東洋経済新報社，1996年)
P. F. Kotler & E. L. Robelto, *Social Marketing*, The Free Press, 1989. (井関利明訳『ソーシャル・マーケティング』ダイヤモンド社，1995年)
P. コトラー，恩蔵直人・大川修二訳『コトラーのマーケティング・コンセプト』東

洋経済新報社, 2003年。
小松隆二『公益学のすすめ』慶應義塾大学出版会, 2000年。
L. M. サラモン, 入山　映訳『米国の非営利セクター入門』ダイヤモンド社, 1994年。
L. M. Salamon, *The International Guide to Nonprofit Law*, John Wiley & Sons, 1997.
L. M. サラモン, 山内直人訳『NPO最前線』岩波書店, 1999年。
L. M. Salamon., H. K. Anheier, *The Emerging Sector*, The Johons Hopkins University, 1996. (L. M. サラモン, H. K. アンハイアー, 今田　忠監訳『台頭する非営利セクター』ダイヤモンド社, 1996年)
渋川智明『福祉NPO』岩波書店, 2001年。
嶋口充輝『柔らかいマーケティングの論理』ダイヤモンド社, 1997年。
島田晴雄編『開花するフィランソロピー』TBSブリタニカ, 1993年。
島田　恒『非営利組織のマネジメント』東洋経済新報社, 1999年。
杉山　学・鈴木　豊編著『非営利組織体の会計』中央経済社, 2002年。
綜合社編『情報・知識 imidas2002』集英社, 2002年。
田尾雅夫『ヒューマンサービスの組織』法律文化社, 1995年。
田尾雅夫『ボランタリー組織の経営管理』有斐閣, 1999年。
田尾雅夫『モチベーション入門』日本経済新聞社, 1992年。
高橋淑郎『変革期の病院経営』中央経済社, 1997年。
田中尚輝『ボランティアの時代』岩波書店, 1998年。
暉峻淑子『豊かさとは何か』岩波書店, 1989年。
暉峻淑子『ほんとうの豊かさとは何か』岩波書店, 1995年。
東京都産業政策室発行『労働経済月報（8月号）』東京都産業政策室, 2000年。
東京都政策報道室計画部編集『東京構想2000』東京都政策報道室都民の声部情報公開課発行, 2000年。
富沢賢治『社会的経済セクターの分析』岩波書店, 1999年。
P. F. ドラッカー, 上田惇生・田代正美訳『非営利組織の経営』ダイヤモンド社, 1991年。
P. F. ドラッカー, 上田惇生訳, ダイヤモンド・ハーバード・ビジネス編集部編『P. F. ドラッカー経営論集』ダイヤモンド社, 1998年。
P. F. ドラッカー編著, 田中弥生訳『非営利組織の「自己評価法」』ダイヤモンド社, 1995年。
P. F. ドラッカー, 上田惇生編訳『チェンジリーダーの条件』ダイヤモンド社, 2000年。
電通総研編『民間非営利組織NPOとは何か』日本経済新聞社, 1996年。
中島　一『意思決定入門』日本経済新聞社, 1990年。
ネットワーク「地球村」事務局発行『ネットワーク地球村普及用パンフレット』2001年。

野中郁次郎・紺野　登『知識創造の方法論』東洋経済新報社，2003年。
P. ハーシー，K. H. ブランチャード，山本成二・水野　基・成田　攻訳『行動科学の展開』日本生産性本部，1979年。
林知己夫・入山　映『公益法人の実像』ダイヤモンド社，1997年。
H. Hansmann, *The Ownership of Enterprise*, Harvard University Press, 1996.
D. Bills, *Organization Public and Voluntary* Agencies, London: Routledge, 1993.
福祉経営研究会編集『介護保険時代の福祉経営を考える』中央法規出版，2000年。
細内信孝『コミュニティ・ビジネス』中央大学出版部，1999年。
本間正明『フィランソロピーの社会経済学』東洋経済新報社，1993年。
E. J. MacCrthy & W. D. Perreault, *Basic Marketing*, 9th ed., Richard D. Irwin, Inc., 1987.
B. J. McLeish, *Successful Marketing Strategies for Nonprofit Organizations*, Wiley, 1995.
三上富三郎編著『新現代マーケティング入門』実教出版，1989年。
水尾順一『マーケティング倫理』中央経済社，2000年。
三宅隆之『現代マーケティング概論』同友館，1999年。
三宅隆之『現代経営学概論』同友館，2000年。
三宅隆之「ミッションを基軸にした新経営システムの提言／ミッションマネジメントシステムと経営診断」静岡産業大学経営学会論集『環境と経営』第7巻第2号，2001年。
三宅隆之『社会的使命の経営学』中央経済社，2002年。
三宅隆之「社会的使命のマーケティングについての一考察／顧客満足から社会満足へのマーケティングパラダイム」静岡産業大学経営学会論集『環境と経営』第8巻第2号，2002年。
三宅隆之「社会的使命のマネジメントに関する一考察／ミッションマネジメントシステムの提言」尚美学園大学総合政策学部論集『総合政策研究紀要』第3・4号合併号，2002年。
三宅隆之「ミッション経営システムと福祉・公益マーケティング概念に関する一考察」実践経営学会論集『実践経営』第39号，2002年。
三宅隆之「非営利組織体におけるマーケティング類型化への試み」日本経営診断学会，プロゼクト研究『非営利組織の経営診断』2002年。
三宅隆之『社会的使命のマーケティング』中央経済社，2003年。
村田昭治『マーケティング』プレジデント社，1980年。
村田昭治『マーケティングフィロソフィー』国元書房，1996年。
村田信男『豊かな社会のメンタルヘルス』岩波書店，1991年。
森　孝之『「想い」を売る会社』日本経済新聞社，1998年。
山井和則・齋藤弥生『体験ルポ日本の高齢者福祉』岩波書店，1994年。
山内直人『NPO入門』日本経済新聞社，1999年。

山岡義典編著『NPO基礎講座』ぎょうせい，1997年。
吉田和夫・大橋昭一編著『基本経営学用語辞典（改訂増補版）』同文舘出版，1999年。
C. H. Lovelock & C. B. Weinberg, *Public and Nonprofit Marketing*, 2nd ed, Scientific Press, 1989.（渡辺好章・梅沢昌太郎監訳『公共・非営利のマーケティング』白桃書房，1991年）

あとがき

　マーケティング概念は，公共・非営利組織体のマーケティングとして機能し始めている。組織や事業領域が存在すれば，営利・非営利組織を問わずマーケティングマネジメントが存在する。今や非営利組織体の存在なくしては，社会貢献活動は語れなくなってきた。

　その理由は，政治の失敗や企業の失敗，市場の失敗，契約・公約の失敗を補填するカタチで非営利組織体が機能しているからである。NPOのコンセプトは，目に見えないものである"善意"を売るというところが，企業のそれとは異なる。

　NPOにおけるミッションは，支援者や支持者，寄付者の善意をいかに組織・機関におけるマネジメントおよびマーケティング活動を通じて受益者，利用者，顧客満足を促すかを達成するための強固な意思・思いである。

　こうした顧客満足はやがて社会満足をも促し福祉・公益マーケティングを可能にする。景気低迷下の今日，NPO法人を立ち上げ，少しでも世の中が良くなるようにと善意に満ちた活動をしようとする任意ボランティアも増えてきている。本書が，その一助になれば幸いである。

　本書を執筆するきっかけとなったのは，日本経営診断学会におけるプロジェクト研究テーマである「非営利組織体の経営診断」に精力的に参画し，「非営利組織体のマーケティング」について研究発表の機会に恵まれたことである。

　事例研究などについては，東京都商工指導所時代にNPOに興味・関心を持ち取材を行ったことなどが，本書執筆の背景となったことも事実である。また，前述した研究テーマで全国公益法人協会が発行している月刊誌『非営利法人』に論文を発表する機会を得たことも大きな力となった。

　こうした機会を提供して下さった静岡産業大学名誉学長で商学博士の守永誠治先生を初め，日本経営診断学会においてプロジェクト研究を行っている委員

長の守永誠治先生，青山学院大学教授の斉藤真哉先生をはじめとする諸先生方，ダイヤモンドクラブ21でお世話になりご指導を賜っている浜松大学教授（慶應義塾大学名誉教授）で商学博士の浅井慶三郎先生に深く感謝するものである。また，著作やレターを通じて常に深い感動・感銘と驚きのスパークを発信していただき，尊敬申し上げている慶應義塾大学名誉教授で商学博士の村田昭治先生にも心から感謝したい。

さらに，常日頃からご指導を賜っている専修大学学長で商学博士の出牛正芳先生，尚美学園大学学長の堀江　湛先生，同大学総合政策学部長の上條末夫先生，元青山学院大学副学長で豊橋創造大学学長の鈴木安昭先生，国士舘大学大学院教授の永野孝和先生，元明治大学教授・現在九州産業大学教授で商学博士の刀根武晴先生，元亜細亜大学教授の長島俊男先生，千葉商科大学教授の藤江俊彦先生，神奈川大学教授で経営学博士の海老澤栄一先生，横浜商科大学教授の平野文彦先生，明治大学教授の大友　純先生，駿河台大学教授の水尾順一先生等々の諸先生方にこのようなかたちで拙著が体系化されたことについて心から感謝する次第である。

この他，ここにお名前こそ書ききれないが日本商業学会，日本中小企業学会日本経営診断学会および実践経営学会など所属学会でお世話になっている諸先生方に対してもこの場を借りて深く感謝するものである。

2003年5月

著　　者

索　引

〈和文索引〉

ア 行

アカウンタビリティー　9
赤字国債　146
新しい公正の原理　128
新しい豊かさ　128
新たな社会システム構築　128
安全性重視の有機野菜　121
アンゾフ　58,59,63
生き甲斐感　26
意識改革　148
意思決定　9,17
移送サービス　66,67
一点突破手法　143
遺伝子産業　153
イノベーション　23,147
意欲要因　14
医療サービス　99
医療情報の開示　99
医療法人のマーケティング　98
インタラクティブコミュニケーション　123,125
インタラクティブマーケティング　156
インターンシップ　113
ウェインバーグ　i,36,162
ウォンツ　ii
梅沢昌太郎　118
売らないマーケティング　118
売るためのマーケティング　118
運命共同体の精神　16
営利組織体　8,19
エンプロイアビリティー　137,160
欧米の市民社会　37
教え方をマーケティングする　108
オゾン層の保護　135
オピニオンリーダー　119

カ 行

会員募集　163
快気マーケット　151
会計検査院　149

介護サービス　136
介護支援専門員　124
介護ショップ　80
介護単価　96
介護報酬　85,96
介護保険　85
介護保険施設　124
介護保険事務　80
介護保険制度　75,124
介護保険法　124
外部環境に関する監査　164
価格　167
価格戦略　121
核家族化　82
格付け会社　106
格付け投資情報センター　106
学部の統廃合　106
家事援助サービス　80
カタログ販売　117
価値に関する自己評価　170
学校債　106
学校法人としての格付け　106
学校法人のマーケティング　103
株式会社の学校設立　108
株式会社の病院経営参入　102
河田弘雄　36,62
環境コスト　92,151
環境調和型マーケット　152
環境負荷の少ない社会　135
環境保護　119
環境保護運動　45
環境保全マーケット　151
環境要因　14
監査に関する自己評価　174
監査のコミュニケーション　168
環状メガロポリス構造　130,138
簡便マーケット　152
機会原価　17
機会コスト（機会費用）　4,9,17,56,92,124
危機意識　35,148
危機管理　36,104
危機管理マーケット　151

企業家精神　8
企業型マーケティング　63
企業家的行為　61
企業行動憲章　44
企業市民性　3,17
企業のNPO化　33
企業は社会の公器　18
企業フィランソロピー　33,38
企業文化　54,55
企業ミッション　i,10
企業メセナ　33,91
聴く耳を持つマーケティング　122
規制緩和　127
期待　42,171
寄付金　37
寄付金募集　168
寄付行為　90
寄付講座　111
寄付者　35,59,165
寄付者・支援者に関する自己評価　172
寄付者の善意　181
寄付者満足　ii,38,42,46,172
寄付者ミッション　24
寄付的行為　61
寄付と補助金　85
客観的効果測定　172
キャリアビジョン　129
教員の質　107
救急医療　101
教育カリキュラム　107
教育サービス業　110
教育制度の改革　150
教育責任者　107
教育の失敗　148
教育目標　107
教育理念　107
教員の自己評価システム　110
強固な意思　21
共助　82,93
共助の精神　82
行政改革　127
共生・共存・共有意識　151
競争原理主義　57,122

183

競争原理主義社会　17
競争者　164
共通目的　43
共同購入システム　115
協働作業　142
共同募金　92
強力な資金吸引力　50
クライシスマーケティング　158,160
クライシスマネジメント　158
クラーク　104,111
クリエイティブアクション　150
グリーンピース　29
グリーンマーケット　151
クレーム処理　123
グローバルな視野　39
クロポトキン　124
ケアプラン　124
ケアプラン作成　80
ケアマネジメント　136
ケアマネジャー　124
経営意思・思い　56
経営協議会　108
経営計画　24
経営資源　53
経営資源の相乗効果　53
経営成果　24
経営責任　24
経営責任者能力　107
経営戦略　24
経営ビジョン　24
経営評価　24
経営目標　24
経営理念　23
計画に関する自己評価　170
経済原理優先　145
経済的厚生　140
契約思想　12,18,37
契約制度　75,95
契約の失敗　i
経理規定準則　88
建学の精神　104
献身的行為　20
公益原理優先　145
公益性　7,17
公益法人　7,72
公益マーケティング　79,142
公益マネジメント　138
高学歴社会　17
公共財　7,17
公共性　7,17
公共の利益　8,10

公共の利益を以て私益と成す　18
高潔性　9,18,54,118
高潔性の欠如　148
高潔で神聖なるサービス　ii
高潔なマネジメント　161
貢献　13,42
貢献意欲　43
貢献意欲の増進　47
貢献性　7,17
公助　82,93
公助の精神　82
公正な競争　40,43
構造改革　127
構造改革特区　153
構造改革特区構想　102
交通事故防止の推進　134
交通需要マネジメント　134,159
行動資源　56
高度経済成長　131
高度先端医療　102
広報活動　168
公務員の天下り　148
公約　10,18,146
効用　42,171
高齢化社会　66
高齢化社会の到来　113
高齢者在宅サービス　75
高齢者マーケット　152
顧客関係性マーケティング　38,68
顧客に関する自己評価　170
顧客は資金提供者　49
顧客は受益者　49
顧客満足　ii,27,33,81,161
顧客満足志向　i
顧客ミッション　i,10
国立大学の（独法）法人化　103,108
国立大学法人化法案　108
個人宅配　117
個人宅配カタログ　123
コスト意識　140
コーズ・リレイテッド・マーケティング　91
誇大広告の排除　121
5W2Hの法則　98
こだわり事業　64
国家戦略　146,160
国家のマーケティング　146
国家のマネジメント　146
国家マーケティング戦略　151

国家ミッション　146,159,160
顧客第一主義　27
国境なき医師団　29
コトラー　i,118,120
コープ商品の基本コンセプト　116
コーププライベートブランド　120
コープマーケティング　120
コーポレートカルチャー　175
コーポレートシチズンシップ　91
コミットメント　34,37,146
コミュニケーション　12,22,43,147,165,168
コミュニティービジネス　33,58,63
雇用の創出　145
雇用のミスマッチ　145
雇用の流動化　137
コラボレイティブマーケティング　157
コラボレーション　22,147
ゴーン　147
コンシューマーリズム　1

サ　行

最高経営責任者　38
最高執行責任者　38
再就職　137
在宅介護支援　80
在宅介護マーケット　151
在宅ケアサービス　82
在宅福祉サービス　65
サイモン　13
サービス供給　167
サービス資源の調達　46
サービスの価値　56
サービスの社会的ニーズ　8
サービスの対価　8
サービスマーケティング　46,111
サービス量　167
差別化戦略　122
サラモン　i,2
産・学・官（公）　112
産学公連携　133,144
産業振興ビジョン　142
酸性雨の抑制　135
支援者　49,59
視覚統合戦略　25
事業活動領域　57

事業計画　97	社会慈善事業　69	69
事業計画書　69,72,74	社会集団　164	浄化マーケット　152
事業組織の活性化　47	社会性　7,17	商業的行為　61
事業ドメイン　46	社会政策的厚生　140	少子化　105
事業ミッション　16,32	社会体育学　113	少子高齢化　80,140
事業ミッションの設定　45	社会的使命　17,21,24,99	少子高齢化社会　79,124
資金提供の額　173	社会的使命感　111	少年よ大志を抱け　104
資金募集　163,168	社会的使命の必達　7,8,21,32	使用農薬の表示　121
資金募集プログラム　168	社会的使命のマーケティング　10,18	商品　167
資源配分　163,166	社会的正義　21,44	商品監査機能　119
資源配分決定の評価　166	社会的責任　44	商品検査　119
自己顕示的欲求　151	社会的善意　44	商品のこだわり　115
自己実現　22	社会的利益　8	情報開示　95
自己実現の欲求　13,151	社会の公器　10	情報公開　27,83
仕事の迅速性　140	社会福祉協議会　91	情報公開制度　159
仕事ぶり　140	社会福祉士　82,123	情報通信インフラの整備　133
仕事ぶりに関する自己評価　169	社会福祉事業法　93	情報通信基盤の整備　132
自己発見　22	社会福祉法　93	情報ネットワーク　142
自己評価システム　89	社会福祉法人　75,86	情報ネットワーク社会　137
支持者　49	社会福祉法人会計　86	情報リテラシィー　137
自助　82,93	社会福祉法人の会計基準　87,88	情報を制するものが市場を制する　55
市場　164	社会福祉法人の財務　85	職業能力の向上　145
市場戦略マトリックス　59	社会福祉法人のマーケティング　95	職住近接　131
市場創造　40	社会福祉法人のマネジメント　83	女性の社会進出　116
市場の失敗　i,25,146	社会福祉法人のミッション　97	ショートステイ　78
自助の精神　82	社会奉仕　7,44	ショートステイサービス　76
慈善的サービス　56	社会奉仕活動　12,19,91	署名運動　69
持続可能な社会　135	社会満足　33,38	自立援助　78
持続的競争優位性　8	社会満足志向　i	シルバーサービス振興会　79
持続的協調優位性　8	社会ミッション　10,16	新規会員募集　169
私大の破綻処理　105	収益事業　1,37,49,85,94,124	新社会システム構築　139
私大破綻予備軍　105	従業員ミッション　i,10	新商品開発　120
自治体のマーケティング　127	十字チャート　57	新生活価値創造　7
児童福祉施設　75	終身雇用　137	申請・届出業務の電子化　137
自分探し　150	自由診療　102	身体介護サービス　80
自分の生き方　151	渋滞解消　132	新東京人　129
市民意識　150	受益者　9,33,59	真の愛　31
市民運動　3,16,94	受益者サービス満足度　60	真の平和　31
市民活動　3,16	受益者満足　ii,42,46,161,172	真の勇気　31
市民社会　35	受益者満足の創造　46	進路指導室　109
市民性　20	受益者ミッション　16	ステークホルダー　3,33
使命　19,20,47,59,90,165	受益者利益　8	ステークホルダー満足　38
使命感　13,97	受益者・利用者に関する自己評価　172	ステークホルダーミッション　i
社員　70	生涯学習　111	スポーツマネジメント　113
社会運動　16	障害者に優しいまちづくり	スポーツマネジメント学科　106
社会貢献　4,24		成果　143
社会貢献活動　ii,7,19		成果志向　143
社会貢献シェア拡大　8		成果主義　10,18
社会貢献思想　3		成果主義の原則　140
社会貢献度情報　57		生活の質　151
社会貢献の中身　50		
社会事業家　66,123		

成果に関する自己評価　170,173
生協型の生活提案　117
成功・失敗の主要因　175
生産者名の表示　121
政治的関心　150
政治的無関心　22,150
政治の失敗　i,25,146
精神保健福祉士　124
精神保健福祉法　124
生態系の循環サイクル　151
政府の補助金　50
生命科学技術　153
接続可能な社会　151
設立趣旨書　69,72,73
設立総会　70
設立登記完了届出　70
設立認証申請書　70
セーフティーネット　99,129,137
セーフティーネットワークシステム　157
善　41,92
善意　ii
"善意"を売る　181
全国福祉公社連絡協議会　65
潜在会員　169
善なる心　79
専門家集団　117
戦略的マーケティング　117
創業者の精神　111
創業ベンチャー支援　143
総合環境アセスメント制度　130
相互の行為　61
相互扶助の精神　8,68,79
ソーシャルウェルフェアマネジメント　95
ソーシャルマーケティング　1
ソーシャルワーカー　66,123
創造性開発マーケット　151
創造的教育　109
創造的ディマーケティング　120
創造的破壊　157
総量抑制　134
組織資源　
組織の主要資源　165
組織の能率　12
組織の有効性　12
組織文化　24,56,174,175
組織メンバーの仕事ぶり　84
措置制度　75,95

ソフトウェア　44

タ行

大学改革　104
大学教員任期制　110
大学等技術移転促進法　112
大学と高校の提携　113
大学の社会的使命　103
大学の地域社会貢献　112
大学の評価システム　114
大学のミッション　111
大学のモデル　133
ダーウィン　124
縦割り行政　147
多様な就業形態　137
団塊の世代　128
短期サービス型マーケティング　63
男女平等参画の推進　136
地域コミュニケーション再生　144
地域社会医療　100
地域社会との共存　78
地域消費生活協同組合　114
地域消費生活者　115
地域生産者との提携　121
地域防犯の推進　134
地域ミッション　159
地域密着型の在宅福祉サービス　67
知恵　109
知価　109
地球温暖化の防止　135
地球環境の保全　135
地域ケアシステム　136
地球ケア能力　135
地球市民　27
地球村　28
知識　109
地方分権の断行　149
チャネルキャプテン　122
チャレンジプロジェクト　142
中央集権国家　149
長期サービス型マーケティング　63
ツーウェイコミュニケーション　125
通信販売　117
手上げ方式　85
定員割れ　105
デイサービス　76
定数の見直し　148
ディーゼル車の排気ガス規制　134
ディマーケティング　118
ディマーケティングの監査　119
デザイナーズブランド　125
動因　15
動機づけ　14
東京構想2000　127
東京再生のリーディングエリア　130
東京のアイデンティティー　138
東京の将来像　128
道州制　149
統制システム　166
特殊法人　146
特定公益増進法人　86
特定非営利活動促進法　5,94,124
特定非営利活動法人　71,74,86
特別養護老人ホーム　75,86,124
独立行政法人　103,106,112,125
都市景観　132
特許ビジネス　112
特区一次認定　154
特区二次認定　155
トップダウン　16
トップマネジメント　89
都民共有の財産　130
ドラッカー　i,ii,19,20,34,43,47,55,85,90,92,140,169
トワイライトステイ　77

ナ行

内部環境に対する監査　165
ナショナルブランド　125
ナノテクノロジー　153
ナノバイオロジー　153
難民支援　28
21世紀の国家戦略　146
ニーズ　ii
新渡戸稲造　111
日本NPOセンター　5,26,71
日本経団連企業行動憲章　51
日本赤十字社　72
入会奨励　169
入会登録　169
入浴サービス　76
人間の尊厳　17

認定NPO法人　5
ネットワーク型社会　145
ノーブランド　125

ハ 行

バイイングパワー　122
バイオテクノロジー　153
配食サービス　78
ハーズバーグ　14
ハートウェア　44,125
ハードウェア　44
パートナーシップマーケティング　156
バーナード　12,43
バブル経済　131
バリアフリー　133
バリエーション　147
班　115
非営利組織（体）　i,1,8
非営利組織体のマーケティング　41
非営利の市民活動　94
東アジア経済圏の確立　156
非市場志向　49
ビジュアルプレゼンテーション　24,27
ヒートアイランド（現象）　135,160
ヒトゲノム　153
ヒューマンウェア　44
ヒューマンネットワーク　157
ヒューマンネットワークシステム　95,125
病院経営　99
評議委員　47,71
評議委員会　71,84
ピラミッド型社会　145
フィランソロピー　90
福沢諭吉　103
福祉経営　95,125
福祉公益マーケティング　82,140
福祉公益マネジメント　140
福祉公社　65
福祉資金サービス　66
福祉車両　67
福祉のネットワーク　68
福祉文化　54,55
福祉文化国家　22,151
福祉用具　95
不正医療請求の排除　101
不当表示の是正　116
プライベートブランド　115,125

ブランド商品　54,116
不良債権処理　152
ブレイク　16
プレゼンテーション　109
ブロック制　149
雰囲気マーケット　151
文化　55
文化の創造　132
ヘッドハンティング　26
ペパーズ　124
ベビーシッター　80
ヘルパーのサービスマニュアル　81
防災軸の整備　134
奉仕活動　69
奉仕者　35
法人の分類　6,86
訪問開業医　100
訪問食事サービス　76
補助金　37
補助金支出機関　163
母子寮　75
ホスピタリティー　145
ホスピタリティーマインド　11,44,156
ホスピタリティーマーケティング　157
ボトムアップ　16
ホームヘルパー　77
ボランタリー　2
ボランティア　2,78,90-91,136
ボランティア精神　26
ボランティア団体　29

マ 行

マイスター制度　153
埋没原価　17
マクロ環境　164
マーケットシェア　167
マーケティング　42
マーケティング活動分析　167
マーケティング監査　119,162,163
マーケティングコミュニケーション　159
マーケティングコンセプト　82
マーケティング資源配分　166
マーケティングシステム　163
マーケティング責任者　173
マーケティング戦略　24,149

マーケティング組織　166
マーケティング定義　39
マーケティング的成果　47
マーケティング的発想　141
マーケティングの評価　161
マーケティングの役割　166
マーケティングの類型化　53
マーケティングプロモーション　123
マーケティングミックス　46,51,118,166
マスコミ5媒体　123
マズロー　13,15
まちづくり学習会　69
街の生活支援センター　80
マッカーシー　34,51,56,118,165
マネジメントスキル　21
マネジリアル・グリッド　16
満悦マーケット　152
見込み会員　169
ミッション　ii,11,30
ミッションの浸透度　59
ミッションの必達　173
ミッション必達に関する自己評価　171
ミッションマーケティング　i,27,31-32,94
ミッションマーケティングシステムの評価　174
ミッションマネジメント　21,27,31-32,81,92,94
ミッションマネジメントシステム　23,32
民間外交　159
民間地域主導　142
民間非営利組織　4
民生委員　66,123
無形財　56
無償　8,49
無償のサービス　56
無党派の若者　150
ムートン　16
メディケア　43
メーリングリスト　142
面倒見業　9
燃えるような経営意思　23
モチベーション　22,147
ものづくり　143
モノの価値　56

ヤ 行

山内直人　2

誘因　13,15,42
有形財　56
有事法制　158
有償　8,49
有償在宅福祉サービス　65,66
有償のサービス　56
有償の事業　5
郵政公社　147
郵政事業庁の公社化　147
ゆとりマーケット　152
ユニバーシティーアイデンティティー　114
よき意図　ii,161
よき公約　161
よき使命　ii,161
欲求5段階　13
予防医学　100
予防医療マーケット　151
4 P　34,51,56,118,165

ラ 行

ライフウェア　44
ライフスタイル　21,32
ライフデザイナー　122
ライフビジョン　129
ラブロック　i,36,162
リカレント教育　108
利己的動機　91
リサイクルマーケット　152
理事会　71,83
理事会の仕事ぶり　89
理事者＝教育者　107
理事長の意思決定　47
理事の報酬　83
リスククライシスマネジメント　125
リストラ　96
リゾートマーケット　151
リーダーシップ　16,20,141
利他的動機　91

流通　167
流通システムの経済性　167
利用者　165
リレーションシップマーケティング　37,68,123
倫理観　101
レビィ　120
労働者の選択の幅　137
労働集約的なサービス業　54
ロジャース　124
ロボット開発　153

ワ 行

私をマーケティングする　110,150,160
ワンウェイコミュニケーション　125
ワンストップサービス　144,160
ワントゥーワンマーケティング　68,124

〈欧文索引〉

AMA　39

CEO　38,89
CEOの仕事ぶり　89
CI　27
COO　38,89
CO-OP 商品　115
CO-OP ブランド商品　120
CRM　38
CS　27

IT　134,153
IT 革命　142

JMA　39

NGO　5,28
NGO 国連　28

NGO サミット　28
NPO　1,28
NPO 型マーケティング　63
NPO 財団　92
NPO サポートセンター　26
NPO 促進法の17分野　70
NPO の学校設立　108
NPO の企業化　33
NPO の経営理念　24,174
NPO の広報活動　24
NPO の使命　35
NPO のマーケティング分類　62
NPO のマネジメント　36
NPO の理事　35
NPO の理事会　20,35
NPO 文化　55
NPO 法　4-5,95,124

NPO 法人　5,25,70
NPO 法人の認証　i
NPO 法の制定　i
NPO 法人の税制優遇措置　5

PPM　59

SOHO　144,160
SS　33
SWOT 分析　57

TLO　112

UI　103
UM　103

VI　104

■著者紹介

三宅 隆之（みやけ たかゆき）

慶應義塾大学経済学部卒業。尚美学園大学（マーケティング論・同演習，広告広報論・同演習），産業能率大学（マーケティングマネジメント），自由が丘産能短期大学（プレゼンテーション論），光産業創成大学院大学（起業経営特論）で長年教鞭をとる。現在，講演・経営コンサルティング，執筆活動などを行っている。
経済産業大臣登録中小企業診断士，厚生労働大臣免許社会保険労務士。
専門分野は，マーケティング論，経営学，公益学（NPO論），中小企業論，経営診断論。日本商業学会，日本中小企業学会，日本経営診断学会，実践経営学会に所属。
2022年9月 没

[主著]
『現代マーケティング・コンセプト入門』慶應義塾大学出版会，2005年
『現代マーケティング・コミュニケーション入門／はじめて学ぶ広告・広報戦略』慶應義塾大学出版会，2004年
『社会的使命のマーケティング／mission marketing philosophy』中央経済社，2003年
『社会的使命の経営学／mission management system』中央経済社，2002年
『現代経営学概論／協創・共生・福祉のマネジメントパラダイム』同友館，2000年
『現代マーケティング概論／基本・実際・学び方』同友館，1999年
その他，著作・研究論文多数

■非営利組織のマーケティング
—— NPOの使命・戦略・貢献・成果 ——　〈検印省略〉

■発行日 —— 2003年7月6日　初版発行
　　　　　　2024年2月6日　第15刷発行

■著　者 —— 三宅隆之（みやけたかゆき）

■発行者 —— 大矢栄一郎

■発行所 —— 株式会社 白桃書房（はくとうしょぼう）
〒101-0021　東京都千代田区外神田5-1-15
☎03-3836-4781　📠03-3836-9370　振替00100-4-20192
http://www.hakutou.co.jp/

■印刷・製本 —— 株式会社デジタルパブリッシングサービス

© Takayuki Miyake 2003 Printed in Japan ISBN978-4-561-62137-9 C3063

JCOPY 〈出版者著作権管理機構 委託出版物〉
本書の無断複写は著作権法上の例外を除き禁じられています。複写される場合は，そのつど事前に，出版者著作権管理機構（電話 03-5244-5088，FAX03-5244-5089, e-mail：info@jcopy.or.jp）の許諾を得てください。
落丁本・乱丁本はおとりかえいたします。